Trabaje menos
y gane más
(pasándolo bien)

Trabaje menos y gane más (pasándolo bien)

Cincuenta formas para conseguirlo

Matt Weinstein y Luke Barber

Amat Editorial

Título original: *Work Like your Dog. Fifty Ways to Work Less, Play More, and Earn More*
Autores: Matt Weinstein y Luke Barber

© Matt Weinstein and Luke Barber, 2000.
© Amat Editorial – Barcelona, 2000

Primera edición: octubre del 2000

Depósito legal: B-50.753-2000
ISBN: 84-8088-475-4

Traducción: Esther Gil
Fotocomposición: Text Gràfic

Impreso por Romanyà Valls, S.A.
Impreso en España – *Printed in Spain*

*A Ritch Davidson, Fran Solomon y
Terry Sand, que hacen que el trabajo
sea para mí una diversión.*

M.W.

*A Lee, por su amor y comprensión.
A Kurt Vonegut, simplemente
porque fue la primera persona
que me dedicó un libro.*

L.B.

Índice

I

El juego del trabajo

1

Considere el trabajo como un juego

Hace muchos años tuve un extraño sueño en el que Platón, el filósofo griego, me llamaba por teléfono. A cobro revertido. ¡Este tipo me llama desde la lejana Atenas, en el 375 a. C., y tiene el descaro de llamar a cobro revertido!

Como soy un derrochador, acepto la llamada.

En el sueño, Platón me cuenta que le han pedido que dé un discurso en la fiesta de cumpleaños de Aristóteles y que no tiene ninguna idea. Quiere saber si le puedo echar una mano, así que le digo: «¿Cuál es la mejor manera de vivir? La vida debe vivirse como un juego». La idea le entusiasmó y prometió volver a llamar para contarme cómo le había ido... pero nunca lo hizo.

Unos años más tarde estaba hojeando los *Diálogos* de Platón y me quedé asombrado al descubrir aquella misma cita. Se lo expliqué a algunos amigos e insistieron en que las frases de Platón ya debían estar en mi subconsciente antes del sueño, aunque yo no lo supiera.

Personalmente, creo que el tipo me plagió.

Ahora, no estoy completamente seguro de lo que Platón quería decir cuando utilizó esas frases, pero yo sé lo que yo quería decir: simplemente, que la mejor manera de vivir una vida alegre, saludable y sin estrés es elegir la opción de considerar el trabajo como un juego y a nosotros como los jugadores; y considerar todo lo que suceda en el trabajo sólo como una parte de ese juego.

¿Cuáles son las características de un juego de éxito? Primero, tendría que ser divertido para los jugadores y enriquecedor para sus vidas, o si no, ¿qué sentido tendría jugarlo? Segundo, deberían existir un conjunto de normas y estrategias que lo rigiesen, las cuales pudieran ser analizadas para jugar con más éxito. Este libro pretende ser una guía para jugar al *Juego del trabajo*.

Utilicemos el tenis como ejemplo. Si usted está jugando al tenis y su oponente consigue hacerle un *ace*, usted sólo tiene una opción. Evidentemente, no puede hacer nada respecto al hecho de que haya recibido un *ace* (eso, como se suele decir, ya es historia); la alternativa de que dispone consiste en decidir cómo responder a la situación.

Si realmente está jugando al tenis y considerándolo un juego, simplemente caminará al otro lado de la pista y esperará el siguiente servicio. Mirar fijamente el suelo o quejarse no le servirá de ayuda, ni a usted ni al juego. Tampoco sirve de nada golpear el césped con la raqueta ni buscar excusas. Como participante en el juego, sólo tiene que desplazarse hacia el otro lado de la pista y, como éstas son las reglas del juego, aprovechar su nueva oportunidad.

Esto, lo sé, parece increíblemente simple y obvio. Sin embargo, cuando en nuestra vida laboral nos hacen un *ace*, muchos actuamos como si fuera el fin del mundo. Hasta los problemas o errores más insignificantes pueden tratarse de una manera completamente desproporcionada. Gastamos todo nuestro tiempo y nuestra energía viviendo en el pasado, analizando, criticando, disculpándonos, preocupándonos y, en general, haciéndonos desgraciados. Lo que realmente necesitamos hacer es desplazarnos hacia el otro lado de la pista. El juego del trabajo nos permite intentarlo de nuevo; tenemos el poder de escoger cómo responder a los *aces* que la vida nos presenta.

Si considera el trabajo como un juego, entonces, tan pronto como reciba un *ace*, puede empezar a buscar las posibles respuestas de que dispone. Puede empezar diciéndose: «¡Desde luego he echado a perder esa venta tan fácil!» o «¡Sin duda ése ha sido el peor negocio de mi vida!» o «¡Ya puedo despedirme de ese ascenso!». Pero si desea que su vida laboral sea un juego alegre, entonces tiene que empezar a avanzar partiendo de esa situación. Tiene que recordar que su meta es llegar al otro lado de la pista y hacerse con el juego del trabajo.

Puede preguntarse a sí mismo: «¿Qué puedo aprender de esta experiencia para no volver a cometer el mismo fallo la próxima vez?» También debe recordar que quiere ser una persona que crece y mejora constantemente, y que no podrá conseguirlo si nunca asume algunos riesgos ni comete errores. En vez de lloriquear, quejarse o golpearse en la cabeza con la raqueta por haber fallado, puede decirse a sí mismo: «Eh, nadie es perfecto. ¿Cómo voy a aprender de mis errores si nunca los cometo?»

2
Haga del trabajo un juego

Desde tiempos inmemoriales los padres frustrados siempre han dicho lo mismo a sus hijos: «¡Vamos a jugar a un juego que se llama 'Recoge tu habitación'!» Aunque este popular intento de manipulación paterna rara vez funciona, sí expresa una idea fantástica: que el trabajo duro puede ser divertido y que cualquier cosa puede convertirse en un juego.

El Dr. Ernie Lavorini es un experto en considerar su trabajo un juego. La primera cosa que vi cuando entré en su clínica dental fue un gran letrero en la recepción en el que ponía: «SEA AMABLE CON MIS EMPLEADOS. LOS QUIERO A TODOS. ERNIE».

Los empleados de la consulta del Dr. Lavorini habían practicado rafting juntos y habían hecho excursiones de empresa a lugares como el autódromo, los toboganes de agua y la feria medieval. Cada año van todos juntos a hacer sus compras de vacaciones y después se van a cenar (a cuenta de la empresa). «Es tan divertido ir a la ciudad por Navidad», dice Ernie. «Nunca nos cansamos. A todos nos encanta la iluminación nocturna de San Francisco.»

Incluso una vez el Dr. Lavorini lo organizó todo para «secuestrar» a sus empleados: envió a la oficina a un grupo de amigos suyos con fundas de almohada en la cabeza, metieron a todos los empleados en los coches y desaparecieron rumbo a un día de playa.

«¿Pero, qué pasó con los pacientes de ese día?»

«Ah, los recepcionistas estaban enterados.» Se rió. «Parecía que teníamos el día repleto de visitas, pero en realidad no había pacientes programados.»

La mayoría de la gente no asocia la diversión con una visita al dentista. No obstante, el Dr. Lavorini intenta lograr una experiencia divertida para sus pacientes en ese insólito lugar. Un día que necesité una cura dental de urgencia, el Dr. Lavorini me dijo: «Necesita una corona en un diente, pero le voy a mostrar cómo convertir una situación *sin opciones* en una situación *con opciones*». Ernie me explicó que podía poner un tatuaje en la corona, un dibujo de lo que yo quisiera. Y como la corona estaría en un diente de la parte posterior de mi boca, totalmente fuera de la vista, nadie conocería su existencia excepto yo. Sería un tatuaje completamente indoloro, porque lo haría directamente sobre la corona, antes de colocarla en el diente.

Elegí un cometa (una estrella plateada seguida por una cola azul y amarilla), y sonrío cada vez que lo miro (en realidad, cada vez que *pienso* en ello). De hecho, no resulta fácil verlo: tengo que sujetarme el labio superior con un dedo, acercarme al espejo y guiñar un ojo, pero ahí está, siempre deslumbrante. Y si aparece en la conversación alguna de las palabras *diente, cometa, astronomía* o *tatuaje*, siempre puedo contar con una reacción asombrada de cualquier persona a quien me atreva a enseñárselo.

Veámoslo con perspectiva: si el Dr. Ernie Lavorini puede hacer que en el ámbito de la cirugía dental una situación *sin opciones* pase a ser una situación *con opciones*, entonces ¿puede resultar difícil hacer lo mismo con algunas situaciones de su propio trabajo? ¿Cómo puede convertir una tarea que teme en una tarea *con opciones*? El truco consiste en traer los elementos del juego a su trabajo: aprender a jugar con su trabajo.

En cada oficina, por ejemplo, hay una serie de trabajos que nadie quiere hacer pero que tienen que hacerse si se desea que ésta funcione con fluidez. Un día Cathy Fleming, la vicepresidenta de operaciones en Sacramento, California, de la empresa Women Incorporated, pensó para sí misma: «Si de todas formas alguien tiene que hacerlo, ¿por qué no convertirlo en un juego?» Así que escribió ocho tareas de ese tipo en papelitos; tareas como llevar dinero al banco, llevar el correo a la oficina postal, limpiar la cocina de la oficina, cambiar el toner de la impresora y reponer el papel en el aparato de fax y en la fotocopiadora. Entonces colocó cada uno de los papelitos en un globo y los infló todos. Por turnos, cada uno de sus colaboradores fue explotando los globos y (¡*voilà!*) descubrió su tarea del día.

3

Considere cada situación como una oportunidad para jugar

Una de las razones principales por las que la gente tiene dificultades a la hora de transformar el trabajo en un juego es que, en los Estados Unidos, la separación entre trabajo y juego es una idea tan fundamental como la diferenciación entre Estado e Iglesia. Aunque puede haber razones buenas y sensatas a favor de la división Iglesia-Estado, la separación del trabajo y el juego no tiene ningún fin práctico. A menos que, claro está, uno le tenga cariño al aburrimiento, la tristeza y la baja productividad.

Igual que algunas personas realmente inexpertas consiguen convertir el juego en trabajo, la persona realmente hábil es capaz de convertir el trabajo en un juego. Uno de los primeros pasos consiste en un cambio de actitud: usted tiene que considerar todas las situaciones, incluidas las que se producen en el trabajo, como oportunidades para disfrutar de su camino hacia el éxito.

La gente a menudo dice que ver es creer, pero lo contrario también es cierto; lo que creemos afecta a lo que vemos. Si estamos buscando algo, aumentamos considerablemente la probabilidad de verlo. Esto sucede sobre todo cuando estamos evaluando si una situación es potencialmente divertida o aburrida. Si esperamos que sea una buena situación, entonces aumentamos las posibilidades de que lo sea.

La conclusión evidente para aquellos de nosotros que queremos vivir de manera alegre y juguetona nuestra vida laboral (y el resto de nuestra vida) es que tenemos que estar preparados para ver en cada situación una oportunidad para jugar. Puede haber muchas excepciones, por supuesto:

yo no voy a un funeral esperando que vaya a ser una fiesta. Sin embargo, la mayoría de las situaciones cotidianas contienen un potencial para el juego.

Hace unos años llamó por teléfono una persona que se había equivocado de número. Aquel verano yo tenía mucho tiempo libre, así que estaba trabajando en el jardín y acababa de entrar después de cavar cuando recibí aquella llamada errónea. Una voz de mujer preguntó: «¿Es usted el hombre que arregla jardines?».

Yo sabía que la mujer llamaba a un número equivocado, pero como en ese mismo momento de hecho tenía reciente la experiencia de estar arreglando mi propio jardín (y, podría añadir, poniendo ya en práctica el principio *Considere cada situación como una oportunidad para jugar*), contesté: «Sí, yo soy el tipo que arregla jardines». Me explicó que una amiga le había dado mi teléfono y se preguntaba si yo estaría dispuesto a cortar el césped y a arreglar los límites de su jardín.

Le dije que no había ningún problema. Cuando me preguntó la tarifa, le pregunté cuánto le habían cobrado a su amiga y me dijo que treinta y cinco dólares y que su jardín era más o menos del mismo tamaño; así que le dije que le arreglaría el jardín por la misma cantidad. Me dio la dirección de su casa, que resultó estar a unas pocas manzanas de la mía, en una parte antigua y bastante bonita de la ciudad.

Cargué la camioneta con mi segadora y otras herramientas, y conduje hasta su casa sonriendo durante todo el camino. Resultó ser una mujer joven, muy agradable y atractiva. Mientras me enseñaba su jardín, me enteré de que era azafata de vuelo, y su marido, piloto de la compañía American Airlines. Habían perdido el contacto con el jardinero del verano anterior y estaba muy contenta de haberme encontrado. Cuando acabé de trabajar en su jardín, lo inspeccionó rápidamente, me pagó y me preguntó si estaría dispuesto a tenerla como clienta durante el verano. Bien, ya había ido bastante lejos con mi juego, así que pensé: «¿Por qué no?». No solamente le arreglé el jardín durante todo el verano, sino que también hice algunos trabajitos adicionales de vez en cuando (quitar las malas hierbas, trocear los setos pequeños, cosas así).

Hacia el final del verano, me invitaron a una fiesta que se celebraba en la casa de mi vecino de al lado. Él era el presidente de un banco de la ciudad y ese acto un tanto formal servía para recaudar fondos para un socio suyo que se presentaba como candidato al ayuntamiento. Miré alrededor a los invitados reunidos y, ¡quién estaba de pie al otro lado de la sala sino mi única clienta! Me acerqué a ella para charlar un poco. Hablamos de forma amena, pero no se hizo mención al hecho de que yo era su jardinero.

Más tarde mi vecino me reprodujo una conversación increíble que mantuvo con mi clienta, que decía algo así:

Ella: «Bob, ¿podrías decirme qué hace *él* aquí?»

Bob: «¿Qué quieres decir? ¿Qué ocurre?»

Ella: «¡Pues que me sorprende ver a mi jardinero en este tipo de fiesta!»

Bob: «¿Tu jardinero?»

Ella: «Sí. Es jardinero y arregla mi jardín.»

Bob: «Creo que estás equivocada. Es profesor. No es tu jardinero.»

Ella: «¡Ese hombre de ahí es mi jardinero! ¡No es profesor! ¡Es mi jardinero!»

Bob: «Te aseguro que es profesor de universidad. Es mi vecino de al lado.»

Ella: «¿Ésa de al lado es *su* casa? ¡No me puedo creer que un jardinero pueda permitirse una casa tan bonita!»

Bob: «No sé qué está pasando, pero sí sé que no es jardinero.»

La siguiente vez que me presenté para arreglar el jardín, mi clienta ya estaba fuera antes de que yo pusiera en marcha el motor de la segadora. «Disculpe», me dijo, «pero estoy muy confundida. Bob me dijo que es usted profesor de universidad».

«Sí», contesté inocentemente.

«Bueno... bueno... sólo estoy sorprendida de que tenga un segundo empleo como jardinero.»

Era el momento de aclarar las cosas. Le dije que no era jardinero, pero que cuando ella llamó, no me preguntó si yo era jardinero. Le dije que ella había preguntado si yo era el hombre que arreglaba jardines, y que, de hecho, yo arreglaba jardines (el mío antes de que ella llamara y ahora el suyo y el mío).

Se rió hasta que se le saltaron las lágrimas. Entonces yo empecé a reírme también. Los dos coincidimos en que era muy divertido y después acabé de arreglar el jardín. Me dio treinta y cinco dólares y me fui a casa.

Sé que ninguno de los dos olvidará el verano en que fui su jardinero. Por supuesto, cortar el césped de otra persona durante todo un verano no ocupa probablemente la primera posición en la lista de lo que nos gustaría hacer en las vacaciones de verano. Sin embargo, gracias a todo el placer que obtuve aquel verano tras contestar una llamada equivocada, llegué a la conclusión de que las situaciones más insólitas pueden ser oportunidades para jugar, incluso aunque ese juego implique mucho trabajo duro.

Una sociedad colectiva que apoya la risa, el juego y la celebración no surge espontáneamente en la mayoría de los entornos de trabajo. Casi siempre hay que poner mucho trabajo entre bastidores para crear una atmósfera llena de diversión en el puesto de trabajo; y sólo porque algo va a ser divertido no quiere decir que vaya a ser fácil. Crear diversión en el trabajo implica a menudo un esfuerzo intenso.

Piense en un jugador profesional de baloncesto. Aquí tenemos el ejemplo de alguien que en una noche de trabajo suda más que muchos de nosotros en un mes entero, y a pesar de todo existe la opinión general de que su versión de *trabajo físico* es «diversión» y «un juego». ¿Por qué podemos considerar su trabajo como un juego y no el nuestro? ¿Por qué debería considerarse como diversión el baloncesto y como trabajo cortar el césped?

Ninguna situación u ocupación es, en sí misma, alegre o divertida. He visto a mucha gente triste en la playa, en una fiesta de cumpleaños o incluso en su propia boda, y todos hemos visto enfurecerse a jugadores profesionales de baloncesto cuando fallan un lanzamiento o les pitan una falta.

El encontrar la diversión en cada situación procede de nuestro interior. Todo lo que requiere es buena voluntad para considerar la vida como un juego, y entonces jugarlo con entusiasmo, asumiendo los riesgos.

¡Que empiecen los juegos!

4

Celebre todo lo que pueda

Creo firmemente que debe celebrarse cualquier éxito que se consiga en el trabajo, por pequeño que sea. Cualquier momento es adecuado para una celebración, y cualquier excusa será suficiente. Algo tan sencillo como abrir una botella de zumo de manzana con gas (o de champán, si está permitido en su entorno laboral), un viernes de vez en cuando, puede ser un buen primer paso para crear una cultura de la celebración en su empresa. Cuando usted descorcha la botella y le pregunta a su compañero si le acompaña en un brindis por los éxitos y tremendos fracasos de las últimas dos semanas, está enviando un mensaje claro diciendo que le importan las personas con las que trabaja.

Es importante también destinar algo de tiempo a celebrar de una forma creativa los acontecimientos más destacados y los aniversarios de la carrera en la empresa de sus compañeros de trabajo. El personal de ventas de Sprint de la zona oeste de los Estados Unidos ideó una forma única de rendir honores a los empleados más veteranos de su oficina de Hawaii; con la aprobación de Eric Tom, vicepresidente de ventas, los empleados crearon un «Muro de la Fama» en la oficina, y al cumplir los cinco años de antigüedad, los empleados dejaban en él una huella de color azul de su mano, firmada y enmarcada. Después de diez años en la oficina, los empleados dejaban su huella roja con gran solemnidad.

Michael Osterman, director ejecutivo de la empresa Boise Marketing Services, piensa que debe celebrarse el aniversario del día en que se contrató a cada empleado. En una ocasión acompañé a Michael en una de sus rondas, felicitando a todos los empleados que habían cumplido el aniversario durante esa semana. Había empleados que cumplían un año, algunos cumplían dos y otros cumplían cinco, y Michael se acercaba al lugar de trabajo de cada uno de ellos llevando un ramo de globos inflables del que colgaban dulces variados. Mientras ofrecía cada ramo de globos, agradecía al empleado su contribución en la empresa y aprovechaba la oportunidad para pedirle su opinión sobre el progreso de ésta. Quedé impresionado por la ceremonia y por la oportunidad que brindaba a Michael de tener un contacto cara a cara con sus empleados. Cuando la empresa creció, rendir homenaje a todos los empleados que celebraban el aniversario de sus servicios se convirtió obviamente en una acción que requería más tiempo, y le pregunté a Michael si todavía merecía la pena, y si la ceremonia del ramo de globos tenía, en su opinión, algún inconveniente.

Su cara se iluminó de inmediato ante la pregunta. «Sólo un gran inconveniente». Se rió. «Un día que me encontraba retenido fuera de la ciudad a causa del mal tiempo, mi secretaria me había preparado todos los ramos de globos para esa fecha. Así que hizo la única cosa que podía hacer, guardarlos en mi despacho toda la noche. Por desgracia, se dejó abierta la puerta de mi despacho, y durante la noche, los globos de algún modo salieron volando de allí y cayeron en el suelo del almacén, disparando las alarmas detectoras de movimiento de todo el edificio. El personal de nuestro servicio de seguridad acudió armado hasta los dientes, preparado para detener a una banda de intrusos, y lo único que pudo encontrar fue un montón de globos aterrorizando el almacén».

Muchas empresas premian a su personal de ventas más destacado con viajes de vacaciones como incentivo por superar sus cuotas. El razonamiento para este trato especial es que el trabajo de esos empleados incide directamente en la base de la empresa; pero esas recompensas para el personal de ventas pueden hacer que otros empleados, cuyas contribuciones son más difíciles de traducir en términos de beneficios pero no menos valiosas para la organización, se sientan discriminados por el trato especial que reciben los primeros. Un aspecto muy positivo del hecho de celebrar los aniversarios de servicio en la empresa es que todos los miembros tienen la oportunidad de recibir un premio: lo único que hay que hacer es permanecer allí el tiempo suficiente.

Sin embargo, el hecho de que todo el mundo pueda conseguir finalmente este reconocimiento de servicio a largo plazo no elimina el resentimiento ni la sensación de estar excluidos entre los empleados que todavía no han alcanzado esa meta, como descubrí en mi propia empresa. En Playfair mi título oficial es el de emperador. En consecuencia, los empleados que alcanzan los diez años en la empresa son admitidos en la sociedad honorífica conocida como «La Corte del Emperador». Cada nueva admisión se destaca por una ceremonia personalizada que se celebra en honor del homenajeado y en la que participa la empresa al completo.

Una de las cosas de las que estamos más orgullosos en Playfair es nuestra tasa de retención. En parte gracias a que se trata de una empresa a la que resulta muy divertido pertenecer y a que existe un sentimiento muy fuerte de pertenencia al grupo, un porcentaje muy elevado de las personas que se contratan permanece en la empresa durante diez años o más. En la última salida que realizamos todos los empleados, iban a ser admitidos en La Corte del Emperador siete nuevos miembros, lo que habría elevado el número de personas de La Corte a diecisiete, sobre un total de veintisiete empleados en toda la empresa.

Eso dejaba únicamente a diez empleados de la empresa con menos de una década de servicios. Cuando esas diez personas se dieron cuenta de que pronto iban a estar en minoría crearon, a modo de broma, su propia sociedad secreta, a la que bautizaron como «La Rebelión de los Campesinos.» Los campesinos me pidieron permiso, de forma privada, para llegar tarde a la ceremonia de La Corte del Emperador, y justo antes del inicio de la ceremonia, tomaron el control de la reunión. Proclamaron que habían capturado al emperador y que lo tenían prisionero, y para demostrarlo repartieron fotografías mías retocadas por ordenador en las que se me veía entre rejas. Entonces se lanzaron a bailar su danza de los campesinos rebeldes y a entonar su himno, para asombro y deleite de los miembros de La Corte reunidos en asamblea. Por último, los campesinos presentaron una lista de peticiones, todas ellas haciendo burla de las normas que existían en el grupo. Uno de los puntos de los que se enorgullece nuestra empresa es que en todas nuestras reuniones se sirve comida equilibrada y saludable, así que los campesinos exigieron que en lugar de eso, «de ahora en adelante habrá mucha carne roja en todas nuestras comidas». En ese momento varios de los miembros de La Corte del Emperador más veteranos se levantaron de un salto para anunciar de forma aprobatoria: «¡Estamos con ellos!»

En el momento culminante de su sublevación, los campesinos pusieron un cassette en el que se oía lo que supuestamente era un mensaje del Emperador anunciando la disolución de La Corte del Emperador. Sin embargo, el mensaje resultó ser de Marlon Smith, un miembro de la empresa que estaba trabajando en Sudáfrica en aquella época y al que, por lo tanto, le era imposible acudir a la reunión en persona. Marlon hizo un apasionado llamamiento a la armonía entre los dos grupos utilizando la famosa frase de Rodney King: «¿Por qué no podemos llevarnos todos bien?»

El resto de los campesinos, simulando estar completamente sorprendidos y emocionados por el llamamiento de Marlon, liberaron al emperador de su encierro y entonces se unieron a los demás con alegría hasta el fin de la ceremonia, prometiendo que algún día ellos mismos se convertirían en Cortesanos del Emperador.

Al tratar todo el asunto de forma divertida, los miembros de la Rebelión de los Campesinos le dieron un fantástico tono de diversión y transparencia a la siguiente celebración de La Corte del Emperador. Además, lo que es más importante, difuminaron de una forma creativa todas las tensiones que podían existir en la empresa por causa de la situación de «tener» o «no tener». Aunque la creación de La Corte del Emperador pudo ser muy bien-intencionada, de algún modo los miembros más jóvenes de la empresa se sentían excluidos del club. Debido a esto, los miembros de La Rebelión de los Campesinos fueron capaces de igualar el marcador. Con su acto de revolución hicieron que el grupo les prestara atención y permitió que los miembros más veteranos de la empresa los vieran en una posición de fuerza, y en eso, desde luego, es en lo que consiste el reconocimiento.

«Fue como ser el hermano pequeño de una familia y que de repente te den una voz fuerte y poderosa», dijo Terry Sand, encargado de la formación en Playfair y una de las cabezas pensantes de la rebelión. «De una forma divertida conseguimos decir al resto de la empresa: '¡No nos olvidéis!'»

Al señalar las consecuencias negativas de la política de reconocimientos de la empresa de una manera amistosa, los miembros de La Rebelión de los Campesinos consiguieron sacar esos sentimientos a la superficie de una forma nada traumática, en vez de dejar que se agriaran bajo la superficie. Ese acto festivo de entonces les permitió apoyar plenamente la ceremonia de iniciación de los nuevos miembros de La Corte del Emperador; al final, su simulacro de rebelión sirvió para reforzar la sensación y el espíritu de equipo entre todos los miembros de la empresa.

Además de los aniversarios de servicio, un toque de alegría puede revitalizar muchas otras celebraciones. Cuando se finaliza un proyecto particularmente exigente, por ejemplo, es importante celebrar el cumplimiento exitoso del objetivo. Esta celebración puede incluso tener más impacto si incluye un gesto creativo de demostración de agradecimiento por parte de los altos directivos hacia el equipo por su duro trabajo. Una celebración da a los que participan en ella la oportunidad de respirar hondo, recargar sus energías y seguir adelante con una sensación de orgullo e inspiración.

Durante la puesta en marcha de Lucent Technologies por parte de AT&T, los 2.100 miembros de la división de controladores hicieron más de 100.000 horas extras, trabajando durante noches, fines de semana, vacaciones e incluso días en los que las oficinas estaban oficialmente cerradas a causa del mal tiempo. Cuando en New Jersey se declaró el estado de emergencia a causa de las intensas tormentas de nieve, los miembros de la división de controladores compartieron vehículos con tracción en las cuatro ruedas y establecieron su residencia en hoteles de la zona, y algunos incluso acamparon con sacos de dormir en sus oficinas para poder completar la reorganización masiva a tiempo.

La empresa al completo celebró la finalización del trabajo con una «Semana de las 100.000 gracias». Para dar simbólicamente la señal de salida a las festividades, los altos directivos de la división se pasearon por las oficinas repartiendo barritas de chocolate Nestlé a todos. El interventor anunció que se tenía que cumplir un horario de nueve a cinco esa semana (obligando a los empleados que habían trabajado al menos doce horas al día durante meses a llegar «tarde» y a irse «pronto»). Cada día había diferentes actividades programadas, como picnics, campeonatos de softball, partidas de bolos, sorteos, descansos para tomar helado y un «día de los pantalones vaqueros y las zapatillas de deporte». «La semana entera sirvió de magnífico descanso, permitió que se aliviara la tensión acumulada en los meses previos y dio la oportunidad de divertirse juntas a personas que habían trabajado muy duro», comentó Julie Gardner, de AT&T.

Resulta evidente que no se necesita una razón especial para celebrar algo en el trabajo, e incluso algunas de las mejores celebraciones pueden llevarse a cabo sin ninguna razón en concreto, por el simple placer de la celebración. Sí, está muy bien celebrar los cumpleaños de la gente pero, ¿qué tal una fiesta de «no-cumpleaños» para toda la oficina? La unidad de EDS tomó la idea de *Alicia en el País de las Maravillas*, y la comida se convirtió en una gigantesca fiesta en la que se pedía a los empleados que llevaran puestos sus sombreros más estrafalarios para un concurso del Sombrerero Loco. Y, desde luego, la fiesta de Navidad de la oficina puede ser divertida, pero, ¿qué hay del resto del año? El personal de la revista *Successful Meetings* celebró una fiesta de «Navidad en julio» en sus oficinas; los empleados sacaron sus adornos navideños de las cajas en las que los guardaban y los colgaron por toda la oficina, y completaron la decoración con nieve en espuma en el vestíbulo y regalos de «Navidad en julio» al pie del abeto de la entrada.

Los trabajadores de A Business Conference Call protagonizaron uno de los momentos clásicos de la historia de las celebraciones sin motivo concreto cuando celebraron el Día Despeinado. Como explica Betty Kay, «todos los empleados vinieron a trabajar con pañuelos, sombreros o pelucas espectaculares sobre su cabello... ¡Era imposible echar un vistazo en cualquier dirección y no reír! Todos nosotros hablamos sobre el día durante semanas, ¡fue un día muy divertido!»

Las mujeres de Women Incorporated idearon otra celebración realmente original. La oficina de Sacramento, en California, celebró la fiesta «Ven disfrazada de tu fiesta favorita». Cathy Fleming, la vicepresidenta de operaciones, recuerda que una empleada del personal fue vestida de conejo de Pascua y se dedicó a recorrer las oficinas repartiendo huevos de Pascua. Otra trabajadora fue disfrazada de pavo, y otra, que se disfrazó de Cupido, envió tarjetas a todos sus compañeros con mensajes como «Michelle, me encanta trabajar contigo porque eres muy agradable».

Una empleada iba vestida con un delantal por el Día de la Madre; otra mujer, con lápices colgando del pelo, representaba el Día de la Secretaria, y la mujer vestida en homenaje a los cumpleaños (no, no vino a trabajar con el mismo traje que llevaba el día en que nació) invitó a todos a jugar a poner la cola al burro en su despacho. Cuando ese día llegó al trabajo el último miembro del personal con almohadas debajo de la ropa, sus intrigadas compañeras de oficina le preguntaron qué fiesta se suponía que estaba representando.

Ella respondió: «¡El Día del Trabajo!»

5

Trabaje menos, juegue más, gane más

Toda persona que trabaja ha escuchado que se supone que tenemos que trabajar de forma más inteligente, en lugar de más intensamente. Ahora bien, ¿qué significa eso exactamente? ¿Cuál es la forma exacta de hacerlo?

Uno de los pasos importantes para trabajar de una forma más inteligente es adquirir la capacidad de considerar el trabajo como si fuera un juego. La paradoja de este enfoque es que al trabajar menos y jugar más usted se convertirá en una persona más eficiente y productiva. Será capaz de afrontar más fácilmente el estrés en el trabajo, de recargar sus energías después de un proyecto exigente, de hacer frente a las situaciones problemáticas y de conseguir que su vida familiar le proporcione energía para su vida laboral. Se convertirá en un miembro más valioso para el equipo, con menos probabilidades de quedar exhausto a causa del trabajo. Al aprender a jugar con las situaciones problemáticas que aparecen en el trabajo, usted trabajará de forma más inteligente, producirá más y ganará más.

En mi libro *Managing to Have Fun* (Dirigir para la diversión) explicaba la historia de Kirt Womack, que trabaja en la fábrica de Thiokol en Utah, en la que se fabrican los cohetes propulsores de la lanzadera espacial. Cuando Kirt sugirió a su director que la fábrica celebrara la llegada de la primavera con un concurso de aviones de papel, éste se mostró muy reticente a la idea. Sin embargo, cuando Kirt le garantizó que su turno podría alcanzar el 150 por ciento de su cuota de producción diaria a las dos y media de la tarde si tuviesen como recompensa un concurso de aviones de papel, su director accedió.

Cuando llegó el gran día, el turno de Kirt había alcanzado el 110 por ciento de su producción a la una y media del mediodía, y el 210 por ciento a las dos y media. Todos lo celebraron saliendo al exterior y haciendo volar sus aviones de papel con alegría, y cuando Kirt preguntó a su director qué pensaba de su hazaña, éste le respondió sin ningún tacto: «Si podéis producir de esta manera con una hora libre, ¡imagínate cuánto más podríais conseguir si trabajarais a ese ritmo durante todo el turno!»

Esta respuesta por parte del director fue errónea. Una observación más acertada hubiera sido: «Si podéis producir de esta manera con una hora libre, ¡imagínate cuánto *menos* podríais conseguir si trabajarais a ese ritmo durante todo el turno!» Porque, obviamente, no era *a pesar de* tener la hora libre para jugar que el equipo de Kirt había producido tanto, sino *debido a que* tenían una hora libre. Tomarse un rato libre en el trabajo para jugar con sus compañeros produjo claros beneficios en el equipo de Kirt: recargó sus baterías, los unió y les hizo sentirse recompensados. Les dio la oportunidad de celebrar su éxito y también de liberarse del estrés y la tensión; y de algún modo, el tiempo de descanso estaba relacionado con su trabajo. «Después de todo», dijo Kirt, «trabajamos en la industria aerospacial, así que también deberíamos ser bastante buenos haciendo aviones de papel».

Kirt estaba decepcionado por el escepticismo de su director pero, sin desanimarse, continuó con su campaña. A la semana siguiente propuso que se le permitiera traer una red de voleibol y colocarla en la fábrica si su turno volvía a superar la cuota de producción. Después de que ese día el equipo rebasara de nuevo la cuota con facilidad, el director empezó a ver claro que los días de mayor productividad eran aquéllos en que el equipo de Kirt tenía programada alguna actividad de ocio en grupo. Así que a la semana siguiente, cuando Kirt propuso al director que llevara a los miembros de su equipo a tomar un helado si volvían a mejorar su producción, lo único que éste pudo decir fue: «¿De vainilla o de chocolate?»

Cuando Kirt me explicó esta historia, estaba en la fábrica y me hablaba desde un teléfono móvil. «He explicado a todo el mundo su idea de ponerse de pie para aplaudir a los demás», me confesó. «De hecho, acabo de pasar junto al ordenador de alguien que tiene las palabras '¡Quiero que os pongáis de pie y aplaudáis!' como salvapantallas. Preste atención a esto:» Y en ese momento Kirt gritó: «¡QUIERO QUE OS PONGÁIS DE PIE Y APLAUDÁIS AHORA!» Al instante escuché de fondo un gran estruendo de aclamaciones y aplausos. «¿Ha oído eso?», me preguntó lleno de alegría. «Ellos no saben que estoy hablando con usted. ¡Podría estar hablando con cualquiera!»

¿Es probable que un entorno de trabajo como el de Kirt, lleno de energía y entusiasmo, en el que los empleados tienen permiso para aplaudir abiertamente los éxitos de los compañeros, sea más productivo? Desde luego que sí. El nuevo lema para el empleado del siglo veintiuno podría ser «Sea divertido, haga dinero». Existe una relación directa entre divertirse en el trabajo y ser más productivo.

Cada vez más, las empresas prósperas están aprendiendo a contratar, recompensar y promocionar a individuos que aportan un componente de juego a su trabajo. La revista *Fortune* comenta sobre Southwest Airlines, número uno en su lista de las 100 mejores empresas para las que trabajar, que la compañía «con una política de admisiones tan estricta como la de las mejores universidades», recibe 150.000 currículums cada año y sólo contrata a 5.000 personas. Tener sentido del humor es un requisito muy importante. Si un candidato parece ser una persona particularmente taciturna, el entrevistador se lanzará a su yugular y le exigirá: «Explíqueme un chiste». Incluso a candidatos de disciplinas tan desprovistas de alegría como la economía o la informática se les pide que se adapten a la famosa cultura de la broma de la empresa.

Al igual que Southwest, Sprint sabe que los futuros empleados querrán trabajar para una empresa en la que haya diversión. Para dar publicidad a la inauguración de su oficina de ventas en Portland, Sprint creó un servicio telefónico gratuito en el que ofrecía información acerca de su filosofía de diversión en el trabajo. «Nuestro trabajo consiste en estar siempre de buen humor», dice Tony Seelza, quien dirige el grupo de ventas nacionales de Portland. «Las actitudes son contagiosas. Todos debemos hacernos una pregunta cuando entramos por la puerta cada mañana: '¿Será positivo que se contagie mi actitud?'»

Los altos directivos de EDS saben que, si la organización quiere mantener alta la moral de los empleados, los ejecutivos de mayor rango también tendrán que implicarse en el tema de la diversión en el trabajo. Así que, con ocasión del Día Internacional de la Diversión en el Trabajo, las oficinas de EDS encargadas de la cuenta Xerox en el sur de California celebraron un sorteo de lotería, con un ganador en cada oficina. ¿El premio? El vicepresidente regional viajó de oficina en oficina ese día y, durante una hora en cada una, hizo de asistente personal de los ganadores del sorteo. De esta manera demostraba que, cuando se trata de la diversión en el trabajo, las tres mejores maneras de dirigir son dando ejemplo, dando ejemplo y dando ejemplo.

Algunas empresas han llevado su voluntad de introducir la diversión en el trabajo más allá, y han llegado a tomar la complicada decisión de despedir a los directivos que dificulten esta política. En la cadena de restaurantes McGuffey's, que cuenta con treinta establecimientos en el sudeste de los Estados Unidos, los empleados evalúan lo divertido que resulta trabajar con un directivo, y esta valoración supone un 20 por ciento del criterio que se aplica a la promoción del directivo en la empresa. «Cuando nos disponemos a hacer un ascenso preguntamos a los empleados: '¿Para quién os gustaría trabajar?'», explica Keith Dunn, presidente de McGuffey's, en una entrevista publicada en el *Wall Street Journal.*

McGuffey despidió al directivo con la segunda productividad más alta porque aterrorizaba a sus empleados. El señor Dunn explica: «Estamos en un negocio con una gran movilidad laboral, así que una de las funciones de los directivos es introducir diversión en el entorno de trabajo». La dirección mediante intimidación puede producir resultados beneficiosos a corto plazo pero, como Keith Dunn sabe muy bien, puede resultar desastrosa para el buen funcionamiento económico de la empresa a largo plazo, al crear un tipo de sentimiento de opresión en el que los empleados en puestos clave buscan la forma de huir a otra empresa.

Por el contrario, las empresas que incorporan una filosofía subyacente de diversión en el trabajo son capaces de incrementar tanto la productividad como la rentabilidad, y de retener al mismo tiempo a sus empleados clave durante un largo periodo de tiempo. Las empresas han descubierto que un entorno de trabajo lleno de frentes arrugadas no necesariamente conduce a un balance beneficioso. De hecho, a menudo es cierto lo contrario: los directivos se están dando cuenta de que una ventaja importante de la diversión en el trabajo es que les ayuda a retener a sus empleados más valiosos. Cuando la competencia es más intensa, los directivos deben tratar a sus mejores empleados como si fueran «voluntarios», es decir, como personas que podrían marcharse a trabajar para otra empresa en cualquier momento.

Las empresas prósperas están aprendiendo a crear una cultura corporativa en la que la diversión y el juego estén integrados en el entorno de trabajo. «Nuestro objetivo es mantener a la gente tan ocupada divirtiéndose cada día que ni siquiera escuchen a los cazatalentos cuando les llamen», dice Ken Alvares, jefe internacional de recursos humanos de Sun Microsystems, y este enfoque funciona: la movilidad en Sun, un 11,6 por ciento, es aproximadamente dos tercios más baja que la de la competencia.

Puede parecer que los empleados que aportan un sentimiento de diversión y celebración a su entorno laboral trabajan menos y juegan más pero, en última instancia, también ganan más. Esto se produce porque en realidad ellos no trabajan menos, sino que lo hacen de forma más inteligente: el suyo es un entorno de trabajo que rebosa alegría y energía, y donde el aumento de la productividad resultante es finalmente un beneficio para aquellos directivos que se han preocupado por los trabajadores.

6

Diviértase con sus clientes

Cuando se trata del servicio al cliente, cualquier negocio se convierte en un espectáculo, ya que cuanto más pueda divertirse con sus clientes, más probable será que ellos sigan comerciando con usted. «Cuando consigo que entren en la tienda sé que se convertirán en clientes por un largo período de tiempo, porque la atmósfera de nuestra tienda es tan divertida que el cliente querrá volver una y otra vez», dice Dick Snow, de la heladería Ben & Jerry. «Creemos que estamos en la industria del entretenimiento, y vender helados constituye solamente una parte de lo que hacemos. En nuestro establecimiento el mostrador es nuestro escenario, y los clientes son nuestro público.»

Después de haber creado una atmósfera atractiva en su establecimiento comercial, el siguiente paso es idear alguna forma ingeniosa para conseguir que los clientes potenciales sepan que su local es un lugar divertido. Lynn McDonald, directora de una de las franquicias de Ben & Jerry, mandó imprimir «recetas» que repartió entre los pediatras de su ciudad. Después de cada visita, los doctores podían premiar a sus jóvenes pacientes con una «receta» para tomar un barquillo de helado gratis en Ben & Jerry. Evidentemente esos jóvenes clientes traían a sus padres con ellos, haciendo descubrir de ese modo los placeres de Ben & Jerry a toda la familia a la vez.

En otra acción magistral de marketing, Lynn mandó imprimir unos billetes en los que se leía la frase «Sé quién eres y sé lo que has hecho» y los repartió entre los agentes de policía. Los policías entregaban esos billetes a las personas que eran sorprendidas llevando a cabo «actos fortuitos de amabilidad»; cada billete daba derecho a un barquillo de helado gratuito. Esta iniciativa no sólo promocionó el negocio de Lynn entre las personas de la comunidad, sino que también le dio una oportunidad para recompensar a los habitantes de su ciudad natal, Sarasota, en Florida, por sus buenas acciones.

Jerry Greenfield, uno de los fundadores de Ben & Jerry, es famoso por su lema: «Si no es divertido, ¿por qué hacerlo?» Así que no resulta sorprendente que muchas de las franquicias de Ben & Jerry hayan encontrado formas creativas para conseguir que los clientes interactúen con sus empleados. En la heladería que dirige Judy Goodale en Cape Cod, la noche de cada martes se convertía en la noche temática: la noche de Méjico, la noche de los años setenta o la noche de Hawaii. Los empleados se vestían con disfraces y tocaban música relacionada con el tema durante toda la noche, y a los clientes que acudían al establecimiento disfrazados se les regalaba un ingrediente adicional para sus helados.

Una una vez que los clientes entraban en el local se les ofrecía numerosos concursos y pruebas, como un helado gratis para cualquiera que pudiera bailar la coreografía de «YMCA» mientras sonaba la canción, o un helado gratis para la persona que pudiera cantar la letra de una canción a un volumen más alto del que estaba sonando, o el siempre popular «Si muge como una vaca cuando entra en el local, un sabor gratis en su helado», «Lo que no solamente proporciona un momento de diversión a los empleados cada vez que ocurre», comenta Susan Bowman, directora de franquicias de Ben & Jerry, «sino que también es una manera realmente buena de identificar a nuestros clientes habituales».

Uno de los sabores más destacados de Ben & Jerry se llama «Marido Regordete». Así que Lynn McDonald organizó un concurso del Marido Regordete, con un barquillo gratis para la mujer con el marido más regordete. Cuando le expresé mis dudas acerca de que las mujeres hicieran alarde público de la gordura de sus maridos, ella se rió y dijo: «¡Nunca subestime el poder de un barquillo de helado gratis! La mayoría de las veces, tan pronto como anunciamos el concurso, tenemos a mujeres que desabrochan las camisas de sus maridos para demostrar que sus grandes barrigas de cerveza son reales, mientras los empujan hacia el mostrador para recoger su premio».

No es necesario que forme parte de una gran organización como Ben & Jerry para divertirse con sus clientes. La taxista Toni Guglielmi conduce un coche de 1965 restaurado de forma impecable. Su empresa, llamada Bay Area Checker, es iniciativa de una sola persona. Toni ha tenido tanto éxito a la hora de conseguir un gran número de clientes fieles por toda el área metropolitana de San Francisco que nunca ha tenido que hacer propaganda de sus servicios. De hecho, ella sólo acepta nuevos clientes si le llegan recomendados por los antiguos. «Estoy en una afortunada posición en la que no necesito rondar por las calles buscando una carrera», dice Toni. «Puedo permitirme seleccionar a mis clientes. De hecho, mi lema preferido para los nuevos clientes es: '¡Si usted no me gusta, no puede contratarme¡'»

Para dar las gracias a sus clientes por su apoyo continuado y sus recomendaciones, Toni creó el Día del Agradecimiento al Cliente. Reservó su restaurante italiano preferido durante toda una tarde y celebró una fiesta para todos sus clientes habituales, en la que hubo comida y bebida gratuita, discursos, brindis y canciones.

«Algunas de las personas más interesantes de las que viven en la zona de la bahía son clientes míos», dice Toni. «Me han estado oyendo hablar de los demás clientes durante años. Así que imaginé que podría también reunirlos en un lugar, agradecerles su apoyo, y darles la posibilidad de que finalmente se conocieran en persona.»

Algunas de las empresas de mayor éxito son famosas por su «venta amigable». Los mejores vendedores de esas empresas saben que la utilización intencionada de la risa, el juego y la diversión puede ayudar a diferenciarlos de la competencia y a crear una buena atmósfera entre ellos mismos y sus clientes potenciales. Brian Palmer, vicepresidente del National Speakers Bureau, recuerda una situación en la que él tenía una buena relación laboral con una clienta, empleada de una destacada sociedad de inversiones. Había otro ejecutivo de rango superior en esta sociedad, con el que Brian no hacía muchos negocios. Brian le preguntó a su clienta acerca de este hecho, y ella le comentó que su jefe le había dicho con tono de humor: «Brian apenas me hace la pelota, nunca limpia por donde yo piso». La clienta aseguró a Brian que debía tomárselo como una especie de cumplido, ya que su jefe había soltado este comentario con buen humor.

Brian había comprado el día anterior una nueva aspiradora portátil Dustbuster para su casa, y en lugar de quedársela se la envió al jefe de su clienta.

—No lo entiendo —le dije a Brian— ¿Por qué se supone que lo hizo?

—Oh, bueno. También le envié una carta junto al paquete —me explicó—. Decía: «Dado que yo no puedo estar allí, le envío el contenido de este paquete para que limpie el suelo por mí».

Me dijeron que estuvo a punto de caerse de la silla cuando abrió el paquete. También escuché que se paseó por toda la oficina enseñando su regalo a todos sus subordinados como un gran ejemplo de «limpiar por donde yo piso».

En el primer aniversario de su regalo, Brian envió al ejecutivo un paquete de filtros de repuesto. «Al final resultó ser que, después de todo, no tenía muchos negocios que ofrecer», concluyó Brian. «Aunque los que tuvo, me los dio a mí».

Desde luego, la técnica especial de Brian puede resultar inapropiada para su estilo particular de hacer negocios, pero su enfoque básico es muy válido: haga algo divertido que cree una relación con sus clientes y que le coloque en una posición claramente diferenciada de la de la competencia. ¿Qué tal enviar por sorpresa una pizza a su posible cliente más importante, con su número de teléfono escrito con champiñones encima?

7

Si no le han rechazado últimamente, quizás es que no lo ha intentado lo suficiente

Considero mi trabajo en este libro parecido al de un campeón sexador de pollos. Para aquéllos que nunca se hayan cruzado en su camino con un sexador de pollos profesional, déjenme que les explique en qué consiste este oficio tan poco conocido.

Cuando se incuban los pollitos es casi imposible determinar su sexo. Sólo un sexador de pollos cualificado puede identificar con precisión cuáles son machos y cuáles hembras. No es fácil llegar a ser sexador de pollos, no hay reglas sencillas que seguir, no se puede hacer un curso por correspondencia, no hay manuales. La única manera de aprender la profesión es estar junto a un sexador de pollos profesional y observarle. Después le toca a usted, hasta que lo aprenda.

En muchos aspectos, llegar a ser una persona más divertida es como llegar a ser un sexador de pollos profesional. En este libro yo le pediré que «permanezca junto a» varios individuos divertidos, y después lo intente usted, a su manera.

Una persona de este tipo es Ellie Katz, una enfermera cuyo lema es «Sé extravagante» (¡es la única forma de ser original!). Cuando Ellie visita a un amigo en el hospital, nunca lleva flores, caramelos o regalos. Cuando otros visitantes le preguntan si ha traído algún regalo, ella les devuelve una sonrisa cómplice. «¿Regalos?», pregunta, «claro que he traído un regalo. ¡Yo *soy* el regalo!» Me parece una manera estupenda de pensar en uno mismo, una manera que puede ser una poderosa herramienta para cada uno de nosotros. La postura más positiva y alegre para tratar con los demás consiste en darse cuenta de que tiene un regalo que compartir con ellos y que, en realidad, *ese regalo es usted.*

Esta actitud también puede ser una gran ventaja en el mundo de los negocios. Los jefes de ventas están constantemente buscando una manera de predecir cuáles de los muchos solicitantes de empleo serán vendedores de éxito y cuáles no. Si hay un factor que parezca predecir la habilidad para tratar el rechazo diario que se produce en este trabajo es la alta autoestima: saber interiormente que usted es, en realidad, un regalo.

Cuanto mejor se sienta usted consigo mismo, menos probabilidades tendrá de tomarse los contratiempos en serio y más capacidad de reírse de usted mismo y de las cosas de su entorno que vayan mal. La gente con alta autoestima se siente bien consigo misma interiormente; su estado de ánimo no depende de lo que le ocurre en el mundo exterior. Cuando les rechazan en una llamada comercial, no se lo toman de manera personal porque su postura consiste en pensar que ellos mismos son un regalo, ellos elevan el ánimo de las personas que se encuentran a su alrededor; y puesto que las ventas son un negocio sentimental que gira alrededor de las relaciones, no es ninguna sorpresa que consigan muchos éxitos y dinero.

Por supuesto, no se necesita ser un vendedor para experimentar el rechazo (todos experimentamos alguna forma de rechazo en nuestras vidas). Una vez que se ha aprendido a pedir lo que se quiere, también se aprende que no siempre se obtiene. Pero desde luego no se obtendrá lo que se quiere si ni siquiera se pide. Esa es la razón por la que todas las personas de negocios de éxito tienen una lista de rechazos. En realidad, si no le han rechazado últimamente, quizás es que no lo ha intentando lo suficiente. No ha estado asumiendo los riesgos necesarios ni ha pedido lo que realmente quiere.

Si es capaz de adoptar la actitud de que usted es un regalo, entonces estará mucho mejor preparado para enfrentarse a los altibajos y aceptar que el rechazo forma parte de la vida diaria. Descubrí el funcionamiento de este principio hace unos años, cuando una noche fui a un pub en Massachusetts con mi amigo Eddie. Estábamos sentados en la barra con un par de cervezas cuando Eddie se quedó fascinado por una mujer que bailaba sola en medio de la pista de baile. Se sintió muy atraído y se quedó mirándola y hablando sobre ella. Así que le dije: «Bueno, entonces, ¿por qué no vas y bailas con ella?» Respondió que no, que no le apetecía bailar.

Por fin, después de un par de jarras más de coraje, súbitamente se levantó del taburete, me guiñó un ojo y se dirigió a la pista. Caminó hacia la mujer, le mostró una gran sonrisa y le dijo: «Perdona, ¿te gustaría bailar?»

Ella paró de bailar durante un momento, le lanzó una fría mirada de desprecio y le contestó: «¡*Ya* estoy bailando!»

A Eddie le dio muchísima vergüenza. Dejó la pista de baile y también el pub, y no volví a verlo durante el resto de la semana. Cuando por fin lo vi, intenté sacar a colación el incidente de una manera alegre. «Eh, Eddie», le dije con una amplia sonrisa, «¿recuerdas aquella extraña mujer que bailaba en el bar la otra noche?»

Se volvió hacia mí con una intensa luz tenue en su mirada. «¿Si la recuerdo?», preguntó. «¡He estado en tratamiento toda la semana por ese incidente!» Entonces me aseguró que ya lo tenía todo controlado. «He reproducido ese episodio en mi mente las veces suficientes y ahora sé exactamente qué tenía que haber hecho.»

«¿De verdad?» Yo estaba intrigado. «¿Qué?»

«Pues bien, ir hacia esa mujer y decirle: 'Eh, ¿te gustaría bailar?' Y cuando ella me dijera: '¡*Ya* estoy bailando!', entonces mirarla despacio de arriba abajo y finalmente decirle: '¿A eso lo llamas *bailar*?'»

La réplica perfecta, pero una semana tarde.

Y sin embargo, claro está, no era la réplica perfecta; era meramente un excelente ejemplo de mala reacción. Siempre que se sienta atacado y se defienda inmediatamente con un contraataque precipitado, entonces entra en el estado de ánimo de la reacción negativa. Y en esa situación, usted elimina sin excepción toda posibilidad de poder encontrar la risa y la alegría en ese momento. Olvida que usted es un regalo con algo valioso que ofrecer a los demás; en su lugar, se siente como si estuviese luchando por su vida.

Si yo le insulto y entonces usted me insulta a mí, está reaccionando a mi provocación. No controla su conducta (mientras que yo sí). No está eligiendo vivir su propia vida, está meramente respondiendo a los estímulos que se presentan en su vida. Una reacción a una situación negativa siempre será negativa por sí misma. De hecho la palabra *reaccionario* describe a alguien que es hostil al cambio y al progreso. Reaccionar siempre es un callejón sin salida.

Cuando respondemos al rechazo con un contraataque hostil, se debe a que una parte de nosotros cree en realidad que merecemos ser rechazados. Una parte de nosotros cree que somos indignos, y por eso necesitamos defendernos ferozmente, por haber dejado que se conozca la «verdad» sobre nosotros. Por ejemplo, vamos a imaginarnos que alguien le insulta diciéndole que parece un marciano; usted no debería reaccionar o ponerse a la defensiva, simplemente debería mirarlo como si hubiera perdido la cabeza, y quizá soltar una carcajada porque sabe que no es cierto.

Cuando se siente bien interiormente, entonces nada de lo que le digan podrá hacer que reaccione negativamente. Siempre que alguien le haga un comentario hostil no provocado, debe saber que normalmente es una expresión de su propia inseguridad, de su propia insuficiencia. No tiene que responder al ataque preguntándose: «¿Qué falla en mí?» y entonces proceder a defenderse. En lugar de ello, puede preguntarse: «¿Qué falla en él?», y se dará cuenta de que su atacante no está al corriente de su propio sentido de la autoestima.

Una de las maneras más positivas de tratar un ataque disparatado, un insulto o un rechazo es con la comprensión, la empatía y la lástima hacia el atacante. Dice más de esa persona que de usted.

Siempre que pida algo que desee, siempre que asuma un riesgo, se enfrentará a la posibilidad del rechazo. Si es capaz de pensar que usted mismo es un regalo, le será más fácil responder a ese rechazo con compasión y decirse a sí mismo: «Eh, si esta persona no quiere tomarse el tiempo suficiente para desenvolver el paquete y comprobar el regalo, es su problema, no el mío. Eso no hace que yo sea un regalo menos valioso».

8

Llévese a los empleados de compras

La mayoría de la gente pasa más tiempo trabajando, desplazándose al trabajo y pensando en él que en todas las demás actividades que realizan despiertos. Así que si usted no disfruta en el trabajo, acabará por estar privado de diversión durante la mayor parte del tiempo que pasa despierto. Incluso un pequeño paso hacia la consecución de la diversión en el trabajo puede tener un profundo efecto en la forma de hacer negocios en la empresa.

Mike Philips es el propietario de la fábrica Migra Textiles en Ciudad del Cabo, Sudáfrica. Para el décimo aniversario de la empresa, Mike diseñó una celebración especial para premiar a sus empleados por sus años de duro trabajo. Inspirado en una historia que leyó, hizo que todos sus empleados subieran a un autocar para recorrer una especie de ruta mágica y misteriosa. El autobús los dejó en un elegante centro comercial, donde Mike les entregó el equivalente a doscientos dólares en la moneda de Sudáfrica. Les dijo: «Tenéis una hora para gastar todo este dinero en regalos para vosotros. Tenéis que comprar al menos cinco cosas diferentes, y si después de una hora os queda algo de dinero sin gastar, tendréis que devolvérmelo todo. ¿Alguna pregunta? ¡Nos vemos en una hora!»

Mike cuenta que sus empleados se divertían tanto que los dependientes de las tiendas les preguntaban: «¿Para qué empresa trabajáis? ¡Tengo que dejar lo que hago y empezar a trabajar en lo vuestro!»

Una de las supervisoras de Mike había empezado a comprar regalos para todos sus hijos con ese dinero extra. Los demás empleados de Migra le hicieron devolver todo lo que llevaba y la forzaron a comprarse en su lugar una chaqueta de piel para ella. Era el primer artículo de lujo que se había comprado en toda su vida.

En medio de esta excursión de compras, el enlace sindical se acercó a Mike, todo sonrisas, y le confesó: «Si nos va a seguir tratando así, ¡vamos a tener que considerarle de manera distinta a partir de ahora!» Al mes siguiente hubo una huelga nacional de todas las fábricas textiles de Sudáfrica, y sólo hubo una que no participó: Migra Textiles. Mike atribuye plenamente este hecho al cambio de actitud que se produjo entre el sindicato y la dirección desde aquella celebración en la que todos los empleados salieron a jugar juntos en la excursión de compras de la empresa.

Es posible que la posición que usted ocupa en su empresa no le permita autorizar una excursión de compras para todos los empleados. Sin embargo, todo individuo, independientemente de su cargo, puede hacer algo para conseguir que su entorno de trabajo sea más divertido y enriquecedor. Por eso la verdadera pregunta que debe hacerse es: «¿Cómo puedo encontrar una forma de trasladar el espíritu de la excursión de compras a la situación de mi propio trabajo, como regalo para mí y para mis compañeros?»

El viceemperador y la viceemperatriz de Playfair, Ritch Davidson y Terry Sand, idearon una opción más económica a la excursión de compras, una alternativa que tuvo un impacto similar en sus compañeros: pidieron a todos los miembros de la empresa que llevasen puestos un par de zapatos viejos para trabajar. Tenían que ser zapatos que todavía nos fueran bien, pero que ya no quisiéramos llevar más, y que estuviéramos deseando donar a la empresa.

Terry fue a un establecimiento de productos de artesanía y se ofreció para comprar toda la mercancía que se cayera al suelo en el transcurso del día, y que el establecimiento normalmente tiraría a la basura. Por cinco dólares la bolsa, compró montones de flores artificiales, adornos de poliéster y tejidos exóticos. Ritch, mientras tanto, adquirió una gran variedad de animales de plástico, insectos y peces de goma, globos oculares de plástico, espejos con forma de corazón y un surtido de abalorios, lentejuelas y purpurina.

Ritch y Terry también compraron grandes cantidades de pintura en spray y pistolas de silicona. Todos fuimos al trabajo a decorarnos los zapatos los unos a los otros con estos insólitos adornos. La regla era que cada dos minutos cambiásemos de zapato, para que cada uno hiciera su aportación a todos los zapatos. Al día siguiente, cuando estos magníficos artículos de arte estuvieron acabados por fin, los llevamos puestos como parte de un homenaje a uno de nuestros formadores, que celebraba su vigésimo año de servicio en la empresa. Fue un momento divertidísimo en la historia de Playfair cuando todos los miembros de la empresa formaron un círculo en el exterior, enseñando con orgullo los zapatos unos a otros mientras brillaban a la luz del sol y gritaban: «¡Ha llegado el momento de la diversión!»

Los zapatos se colocaron en un expositor permanente en la sala de conferencias, donde hoy permanecen todavía. Siempre son una buena fuente de conversación para romper el hielo en las reuniones con los clientes, y de vez en cuando, en medio de una reunión del personal que se está volviendo demasiado seria, a alguien se le ocurre: «¡Vamos a ponernos nuestros zapatos!» El desarrollo de la reunión se aligera inmediatamente cuando nos vienen a la cabeza los recuerdos del momento en que decoramos juntos los zapatos, una experiencia de diversión y creatividad para todos los que participaron.

Así como la excursión de compras de Migra Textiles ayudó a la fábrica a evitar una huelga general, el festival de diseño de zapatos de Terry y Ritch creó una historia compartida entre sus compañeros que les permitió ver a los demás de una manera diferente a la que se veían durante la jornada de trabajo. ¿Cómo puede un pequeño juego crear una diferencia tan grande en el trabajo? El lenguaje del juego es poderoso y es común para todos. Es el lenguaje de la relación y la alegría. Es el lenguaje que habla con elocuencia del sueño universal que toda persona que trabaja comparte: trabajar y crecer en una comunidad que nos apoye y donde nos consideremos valorados, apreciados y vivos.

9

Trabaje como su perro

Los empleados de Brookline Booksmith han descubierto una forma insólita de establecer vínculos con sus clientes: mediante sus perros. Los empleados de la librería siempre tienen a mano galletas para los perros que los visitan, e intentan aprenderse los nombres de las mascotas de todos sus clientes. En el calor del verano, la librería, que fue elegida por los lectores de la revista *Boston* como el establecimiento más amable con los perros, tiene un refrigerador en el exterior de su entrada principal para los peatones sedientos, así como un recipiente con agua para todos los perros que pasen junto al lugar.

Cada mes la librería presenta un «Perro destacado» en su boletín informativo. Además de mostrar una foto del chucho escogido, el artículo señala sus manías, presenta una lista de lo que le gusta, como «las bolsas de rosquillas, el pastel de aniversario y los zapatos», y lo que le disgusta, como «comer demasiado poco y caminar demasiado deprisa». «Por supuesto, la gente nos envía todo tipo de fotos de sus mascotas, no sólo de sus perros, sino de sus pájaros, de sus gatos, de lo que sea», dice Dana Brigham, la directora del establecimiento. «De hecho, un mes pusimos una foto de un gato en la sección 'Perro destacado', ¡sólo para ver si alguien prestaba atención!»

Uno de los momentos del año más populares tanto para los clientes como para los empleados de la librería es el de los Días de agosto del perro. Durante ese mes, el escaparate del establecimiento expone los cientos de fotos de perros que durante el año se han presentado al «Perro destacado». Los libros que se exponen en el escaparate tienen todos también un tema canino, como *El perro de los Baskerville* de Conan Doyle y *La ley del hueso* de Russell Bank. «A nuestros clientes les encanta enseñar a los demás las fotos de sus perros que hay en el escaparate», cuenta Dana. «Una de nuestras misiones es ofrecer libros a la gente que por lo común no descubrirían por sí mismos, y los Días de agosto del perro dan a nuestros empleados una oportunidad más de poner un toque personal a los libros que recomiendan a nuestros clientes.»

Por supuesto, no debería suponer ninguna sorpresa que los empleados de Brookline Booksmith hayan conseguido mejorar sus prácticas comerciales pasando tiempo en compañía de perros. La idea de asociar perros con trabajo viene de lejos. ¿Cuántas veces ha escuchado a la gente quejarse porque han estado «trabajando como un perro»?, o quizás ha escuchado a la gente decir que si lo que quiere es progresar en el trabajo, la clave es «trabajar como un perro». La idea es que si queremos tener éxito, entonces tenemos que estar preparados para largas horas de duro trabajo. Trabajar como un perro será probablemente el asunto más aburrido, serio y triste, sin una pizca de risa, diversión o juego.

Sin embargo, antes de volver a utilizar la frase «trabajar como un perro», deténgase un momento para pensar en cómo pasa los días su propio perro. Me pregunto si la gente que utiliza la frase «trabajar como un perro» ha tenido alguna vez una relación significativa con un perro real. Me pregunto también si conocen algún perro real. Creo que el cómico George Carlin demostró un mayor conocimiento de la vida de un perro cuando planteó la pregunta «¿Han pensado alguna vez qué hace un perro en su día libre?». La única razón por la que esta pregunta nos resulta divertida es que en la vida de un perro realmente se confunde el límite entre el trabajo y el juego.

En realidad, estoy dispuesto a decir sin dudarlo que si usted *realmente* quiere tener éxito, si usted *realmente* quiere progresar en su carrera, si usted *realmente* quiere ser feliz en su trabajo, entonces tiene que aprender a trabajar como un perro. No obstante me apresuro a añadir que tiene que tener muy claro lo que hacen los perros respecto a su trabajo.

Como modelo del perro trabajador, propongo que echemos un vistazo a mi propia perra, Blue. Cuando mi mujer escogió a Blue, la única hembra de una camada de siete, los criadores le advirtieron: «Realmente no es una hembra de las que paren perros de exhibición. Procede de la raza más hermosa de perdigueros. Es una perra trabajadora, y va a necesitar mucho trabajo».

No presté la más mínima atención a esa advertencia. Como ávido corredor de larga distancia, yo en parte quería un perdiguero como compañero de carreras. Pensé que las ocho o diez millas que yo corría a diario serían suficiente trabajo para la perra. Si no, sabía que siempre le podría dar un segundo trabajo buscando discos voladores y pelotas de tenis. Ahora, después de más de seis años de observar de cerca a Blue, puedo dar algunos ejemplos de cómo funciona un perro trabajador.

Desde que Blue se da cuenta de que me estoy vistiendo para correr, no aparta su atención de mí. Cuando ve que saco del armario las zapatillas de deporte, se pone tan nerviosa que literalmente salta al aire, con las cuatro patas al mismo tiempo. Una gran sonrisa ilumina su cara mientras corre hacia la puerta. ¿Cuánta gente conoce usted que muestre ese tipo de entusiasmo para ir al trabajo por la mañana?

Blue tiene la gran ventaja de ser una corredora mucho más rápida que su compañero humano. Como consecuencia, encuentra muchas oportunidades durante nuestra carrera para integrar el juego en su trabajo. Mientras damos nuestra vuelta matutina alrededor del lago que hay junto a nuestra casa, casi siempre encuentra tiempo para darse un baño o dos. Ver una ardilla supone una divertida persecución. Su jornada laboral es un buen ejemplo de curiosidad en acción. Se toma un alegre descanso para revolcarse en todo el barro que encuentra. También aprovecha cualquier ocasión para detenerse y saludar a casi todos los niños que adelantamos.

Aunque es cierto que se toma su trabajo como perdiguero un poco más en serio que el de compañera de carreras, no deja que su gran interés por los discos voladores y las pelotas desvirtúen su capacidad de considerar el trabajo como un juego. Cuando vuelve con un objeto que ha recogido, responde a una orden dicha bruscamente: «¡Suéltalo!» Sin embargo, ella prefiere (antes de que le dé la orden) colocar el objeto a mi alcance y tenerme ocupado durante unos minutos en un juego de atraparla o tirar de la cuerda antes del siguiente lanzamiento. También demuestra otra ética muy positiva ante el trabajo (consideración y sensibilidad) al modificar su juego cuando devuelve objetos a los niños pequeños. Vuelve corriendo con la pelota en la boca, se detiene a un par de metros de distancia para evitar asustar al niño, y entonces coloca la pelota sobre el suelo antes de darle suavemente un golpecito con el hocico para acercársela. Los pequeños gritan de alegría.

Naturalmente, no toda la jornada laboral de Blue es así de perfecta o positiva. Como la mayoría de los perdigueros, rara vez deja pasar la oportunidad de revolcarse en excrementos de vaca, pescado muerto o cualquier cosa repugnante que encuentra. (Muchos podemos narrar este tipo de experiencia en nuestra propia jornada laboral. Probablemente usted ha sentido un sentimiento similar al de estar cubierto de excrementos de vaca en infinidad de ocasiones mientras salía de una reunión especialmente difícil.) En la carrera de hoy, por ejemplo, a Blue le ha caído un torrente de agua sucia que salía por una tubería de desagüe y se ha pasado un buen rato corriendo con el aspecto de una rata ahogada. Sin embargo, no deja que estos pequeños contratiempos arruinen su día. Ella arrincona todo lo negativo y sigue con su trabajo.

Integrar nuestras vidas como padres en nuestras vidas como trabajadores puede ser difícil para la mayoría de nosotros, y Blue no era diferente en este aspecto. Me acuerdo perfectamente de la noche en que parió su única camada. Fue una camada muy numerosa, incluso para una hembra de perdiguero. Tan pronto como parió su decimotercer cachorro, una preciosa y saludable cría dorada, se puso en pie, salió de la caja, corrió a agarrar su disco volador y huyó hacia el patio trasero. No iba a sentirse aliviada ni a volver con sus crías hasta que yo accediera de mala gana a lanzarle el disco como mínimo una vez. Estoy convencido de que fue su manera de decirme que aunque ahora era una madre de trece hijos, no iba a cambiar nuestra vida de trabajo y juego. Era una madre maravillosa, pero en el momento en que las crías se destetaron, volvió al trabajo normal (lo cual quería decir diversión, diversión y diversión).

Desde luego, hay muchos perros que desempeñan tareas mucho más serias e importantes que las de Blue. Con los años he tenido la suerte de conocer muchos perros guía, perros de compañía o de rescate. Son compañeros dedicados que realizan un trabajo inestimable y se enfrentan a él con el mismo ánimo, entusiasmo y alegría que Blue. Todos parecen saber que el trabajo y el juego no tienen que ser mutuamente excluyentes.

Casi todos los perros trabajadores (ya sea Blue o un perro de rescate que actúa en las laderas nevadas de una montaña) son unos estupendos modelos a imitar en nuestras propias vidas laborales. No sólo se enfrentan a su trabajo con dedicación, lealtad, disciplina, sensibilidad y amor, sino también con alegría, entusiasmo y felicidad. Si usted quiere aumentar sus capacidades respecto al tema que nos ocupa, pase esta semana unas cuantas horas en compañía de un perro. Lo primero que notará es que el perro vive constantemente el momento presente. Se interesa por todo: las vistas, los olores, el mínimo movimiento que se produzca en el mundo que le rodea. Nada le parece aburrido; toda interacción con otro ser le supone una emoción. Se recrea con muchas cosas. Note lo bien que se siente en compañía del perro, cómo sus sentimientos están llenos de alegría, ternura, dedicación y emoción. Observe cómo le hace reír una y otra vez.

También ésa es exactamente la forma en que otras personas pueden sentirse en su presencia, una vez que usted aprenda a seguir adelante y trabajar como un perro.

10

Siéntase orgulloso de sus fabulosos fracasos

Si una empresa tiene la intención de crecer e innovar, sus empleados tienen que experimentar constantemente y hacer las cosas de una manera distinta a la habitual. Lo cual significa que una iniciativa empresarial que quiera tener éxito debe apoyar a sus empleados para que asuman riesgos y fracasen, y también para que triunfen.

«Para mí, una de las claves a la hora de crear un ambiente de trabajo en el que la gente se sienta libre para divertirse y experimentar», afirma Lynne Mattone, directora de ventas de la oficina de Hawaii de Lucent Technologies, «consiste en no echarse encima de las personas cuando cometan un error. Si quiero alentar a mi gente para que hagan preguntas, para que averigüen por ellos mismos la manera en que funciona este negocio y para que descubran nuevas soluciones para los viejos problemas, entonces no existe ninguna pregunta que sea estúpida.»

Cuando Lucent celebró la reunión para conceder el premio del Club del Presidente en Hawaii, se le pidió a Lynne que sirviera de guía en un recorrido en autobús por la isla que harían los ganadores del premio. Así que ella agarró el micrófono y regaló los oídos de sus colegas con un comentario continuo de las vistas por las que iba pasando el autobús, incluyendo los fragmentos de la historia de la isla que ella podía recordar de sus días de colegio. Al final, después de que hubiera agotado lo poco que recordaba de los momentos destacados de la historia de la isla, Lynne preguntó si había alguna pregunta.

«Sí», replicó una de las mujeres del autobús levantando su mano con entusiasmo. «¿La isla está *completamente* rodeada de agua?»

«Tengo que reconocer», dice Lynne entre risas, «que como cualquier otra persona estuve tentada de responderle de inmediato: 'Sí, cabeza hueca, desde luego que está completamente rodeada de agua, *¡es por eso por lo que se llama isla!* Pero, ¿qué beneficio podemos obtener de reírnos de las preguntas estúpidas de los demás? Sólo se consigue que en el futuro todo el mundo tema hacer preguntas estúpidas y a la vez parecer estúpidos. Así que en lugar de eso simplemente dije: 'Bueno, ¿sabe qué?, vamos a pasar por toda la isla, así que ¿por qué no nos limitamos a llegar al final para averiguarlo?'»

David Robertson, director ejecutivo del Hospital Regional Duncan, en Oklahoma, encontró una manera de apoyar a sus empleados todavía más firmemente para que asumieran riesgos y aprendieran a fracasar con elegancia. David celebra una vez al mes un «almuerzo con el director ejecutivo» para algunos de sus empleados y en una ocasión, mientras paseaba junto al mostrador de la cafetería preparando todo lo necesario para uno de esos almuerzos, se acercó a la cesta de las mantequillas, que estaba vacía. Cuando se sentó para almorzar con los empleados del hospital, preguntó si alguno de ellos se había dado cuenta de que la cesta de mantequillas estaba vacía, y todos ellos se habían dado cuenta. Pero ninguno había dicho nada sobre ello al personal de la cafetería.

«¿No resulta interesante», comentó David «que todos nosotros prefiramos seguir formando parte de la mayoría silenciosa y no provocar olas, antes que señalar un aspecto en el que la cafetería necesita mejorar? Y me apostaría algo a que ocurre lo mismo en el resto de nuestros departamentos. Escondemos nuestros fracasos detrás de puertas cerradas, en lugar de exponerlos a la luz del día para que podamos aprender de nuestros errores».

De ese almuerzo surgió el Premio de la Cesta de Mantequillas, que se otorga cada trimestre al empleado del hospital que más ha aprendido de un fabuloso fracaso. El premio consiste en una cesta real, llena de comida de gourmet por valor de varios cientos de dólares. Pero lo más importante, dice David, es el mensaje que transmite: «Cuando celebramos nuestros fabulosos fracasos, aumentamos las posibilidades de obtener éxitos fabulosos».

Las personas que desarrollamos nuestra carrera profesional pronunciando discursos obtenemos una respuesta inmediata que nos permite conocer si nuestro trabajo está siendo un éxito o un fracaso. En una reunión del personal de Playfair recordé a los formadores que se habían reunido que si nuestra empresa quería comprometerse a intentar constantemente nuevas iniciativas con nuestros clientes, indudablemente tendríamos que experimentar algunas que no iban a funcionar del todo bien. Así que comentamos la posibilidad de extraer algo positivo de nuestros fracasos inevitables. Albert Polo, uno de los formadores de Playfair, nos habló de una ocasión en la que hizo una presentación para una convención con más de setecientos asistentes. Cuando terminó su discurso, los asistentes se pusieron de pie y premiaron a Al con una atronadora ovación, y después unas cuantas personas se acercaron para hablar con él. Un caballero le preguntó si podía hablarle en privado.

«Pensé que tendría alguna pregunta personal que hacerme y que querría alguno de mis sabios consejos», confesó Al. «Así que me excusé ante los demás para que pudiéramos pasar algunos minutos hablando en privado. En cuanto estuvimos solos me dijo: 'Mire, ésta ha sido la tercera vez que le he visto pronunciar un discurso, y realmente es usted bastante bueno. Sin embargo, hay un problema. Cuando empieza sus discursos titubea bastante. Después, cuando lleva un rato hablando, deja de hacerlo. Le sugiero que consiga un buen profesor de oratoria que pueda ayudarle con ese problema'».

«Me sentí fatal», se lamentó Al. «Durante el resto de la tarde en lo único que podía pensar era en esa voz crítica, diciéndome que yo era un fracaso. Me fue imposible disfrutar del éxito de mi presentación, porque estaba completamente obsesionado por esa reacción negativa. Me costó un buen rato poner las cosas en perspectiva. Después de todo, la mayoría de la gente había sido capaz de pasar por alto mi 'fracaso' y disfrutar bastante de la presentación».

«Siempre tendremos críticos a los que no les guste lo que hacemos, sea lo que sea que hagamos. Si tenemos que esperar a ser perfectos al cien por cien antes de poder sentir que hemos tenido éxito, ¡nuestra espera no tendrá fin! Así que he puesto mucha voluntad en intentar prestarle más atención a las voces positivas y menos a las negativas. Por otro lado, hoy en día trabajo con una profesora de oratoria sobre lo que ella llama mis «pausas en la verbalización». Con su ayuda he conseguido eliminar prácticamente el hábito de decir «em» cada vez que hago una pausa. Así que al final me sentí realmente agradecido por el consejo de aquel hombre, aunque en su momento me obsesionara».

Como jefe de proyecto he descubierto que apoyar a los miembros de mi equipo para que superen sus pequeños fracasos puede suponer grandes éxitos a largo plazo para la organización. Fran Solomon es la vicepresidenta primera de Playfair y una de las máximas autoridades mundiales en el campo de la diversión en el trabajo. Tras diez años viajando por todo el mundo impartiendo cursos de «Dirigir para la diversión» en empresas, vino a verme un día y me confesó que se sentía desmotivada. «Ya no tengo la pasión por el trabajo que solía tener», explicó. «Tengo la impresión de que todo lo que digo y lo que hago ya lo he dicho y hecho antes.»

Fran había sido músico profesional antes de unirse a la organización Playfair, y siempre había mantenido su interés por la música. De hecho, acababa de editar un disco compacto con sus canciones originales, llamado «Mujer en la luna», y había dado una serie de conciertos.

–Siento que cuando estoy en el escenario cantando puedo dejar salir mi auténtico yo. Solía sentir lo mismo con los programas de «Dirigir para la diversión» –se lamentó– pero parece que nunca más volveré a sentir eso en mis conferencias de trabajo.

–Bueno –le propuse–. Entonces, ¿por qué no empiezas tus conferencias cantando algunas de tus canciones?

–¿Cantar mis canciones para el personal de las empresas? –preguntó sorprendida.

–Claro. ¿Por qué no? –repliqué. Yo era un gran admirador de las canciones de Fran y me sabía su disco compacto desde la primera a la última nota. De hecho, cuanto más pensaba en la idea más me gustaba. Le sugerí lleno de entusiasmo que algunas de sus canciones, como «Magia» o «Compañeros orgullosos», podían ser una inspiración para las personas del público que luchaban por reunir un equipo y que tenían dificultades para creer en su capacidad para el éxito.

Fran accedió entusiasmada, y yo esperé los resultados ansiosamente. No tuve que hacerlo mucho tiempo. Fran tenía programada una presentación esa semana para la Asociación Norteamericana de Enfermeras, y habíamos concertado una reunión para el día siguiente con vistas a que me informara del resultado de la presentación.

–Así que, ¿cómo fue todo? –le pregunté.

–Oh, estuvo muy bien, se levantaron y me aplaudieron –replicó ella sin darse importancia.

–¡Eso es fantástico! ¿Y la canción?

En ese momento ella, con cara de abatimiento, me acercó bruscamente una hoja de papel. Era un formulario de evaluación para los asistentes, y cuando comencé a leerlo Fran me señaló la sección de comentarios. En letras mayúsculas de gran tamaño, leyó: «¡QUE DEJE DE CANTAR!»

–¡Vaya! –dije yo–. ¿Y alguna otra persona escribió algo positivo sobre la canción?»

–Sí, claro –replicó ella–. De hecho a un montón de gente le gustó mucho.

–¡Qué bien! Así pues, ¿qué vas a hacer?

–¿Que qué voy a hacer? Voy a dejar de cantar.

–Ah no, no vas a dejar de cantar. Ésa es sólo la opinión de una persona. Pero ésta es mi opinión: vas a seguir interpretando una canción en todas tus presentaciones a partir de hoy; de hecho, tu nuevo lema va a ser: ¡No te sientes hasta que hayas cantado!

En este punto Fran se echó a reír. –¿Que no me siente hasta que haya cantado? ¿Son ésas tus órdenes para mí?

–Ésas son mis órdenes para ti.

Fran ha seguido esas instrucciones al pie de la letra. Sus canciones se han convertido en uno de los componentes clave de sus presentaciones y, desde ese día, prácticamente cada vez que ha acabado una canción, el público se ha puesto en pie para interrumpir su presentación con una ovación.

Fran explica la historia de «¡QUE DEJE DE CANTAR!» en sus presentaciones, utilizándola como ejemplo de la tendencia que tenemos todos a prestar más atención a las voces negativas que a las positivas. Y de cómo a menudo tenemos que superar algún fracaso para conseguir nuestro éxito definitivo.

11

Valore quién es,
no lo que tiene

¿Cuántas veces ha oído a alguien decir «sólo soy una secretaria» o «sólo soy el chico de los recados»? También, muy a menudo oímos a alguien decir, con un tono demasiado orgulloso, «soy el director ejecutivo» o «soy el dueño de la empresa».

Hoy en día muchos de nosotros tenemos cierta confusión a la hora de valorar las categorías y jerarquías laborales. Esta confusión puede hacernos caer en dos tipos de errores. Es posible que nos quedemos atrapados en la baja autoestima y que creamos que, como consecuencia de nuestro fracaso a la hora de conseguir un negocio muy beneficioso o ese ascenso que tanto habíamos esperado, nuestro trabajo es menos valioso que el de otras personas. Pero también, cuando finalmente conseguimos un cierto éxito, puede ser que nos volvamos personas engreídas y nos demos demasiada importancia. Ambos errores son impedimentos para tener una vida laboral divertida, llena de risas y juegos. En ambos casos, nos estamos dando demasiada importancia, centrándonos solamente en lo que hacemos y no en quiénes somos.

Sócrates, filósofo griego, pasó gran parte de su vida intentando enseñar que todas las cosas realmente buenas se logran tras haber alcanzado la grandeza como persona, es decir, tras haber formado y desarrollado nuestro carácter como seres humanos. Según Sócrates, en realidad no importa que hayamos conseguido riqueza, fama o una posición social de liderazgo si antes no nos hemos convertido en el tipo correcto de persona. Él afirmaba que era mejor ser el pobre sirviente de un pobre maestro, que vivir una vida de engaño en la que nuestro cargo, nuestro dinero, nuestros bienes materiales o nuestra fama nos hagan creer que somos mejores personas. En cierto modo, todos sabemos que Sócrates tenía razón, pero hoy en día todavía quedamos atrapados con demasiada facilidad por símbolos de éxito equivocados, como cargos, salarios, estudios y demás ornamentos que no expresan nada sobre nuestro verdadero carácter.

Durante gran parte de la historia de la humanidad no ha habido ningún símbolo de éxito más equivocado que el medio de transporte de las personas. El ricksha, el palanquín real, el carruaje y, por último, la limusina de la empresa, todos ellos se han tomado como un reflejo de la posición en el mundo de sus ocupantes. Recuerdo con mucha claridad el día en que comprobé el alcance de este problema. Actuaba como moderador en un debate sobre el filósofo alemán Feuerbach, quien escribió en una ocasión: *«Man ist, was man isst»* (Somos lo que comemos). Tras una breve discusión sobre las ideas de Feuerbach, un hombre joven que estaba repantigado en la última fila, con los pies encima de los asientos, gritó: «FALSO». En un acto puramente socrático admití que, en efecto, era posible que Feuerbach se hubiera equivocado, y entonces le pedí al joven que explicara el porqué. Con gran seguridad dijo: «¡Porque *somos lo que conducimos!*»

Esta respuesta me resultó especialmente inquietante al pensar en mi coche de aquella época. Durante varios años, antes de concluir que era una forma excelente de matarme, iba a trabajar cada día en ciclomotor, un medio de transporte que mis alumnos consideraban infinitamente peor que una bicicleta. Después de todo, como me dijo en una ocasión un alumno, «sólo los enclenques van en ciclomotor». Es difícil sentirse muy macho encima de uno. Varias veces, estando en medio de un atasco, sentí el impulso de ponerme el ciclomotor al hombro y caminar hasta mi casa.

Para mis alumnos, el ciclomotor es un anatema porque nuestros valores sociales les enseñan sutilmente que su masculinidad está asociada al tipo de coche que poseen. El mensaje es: «No valores quien eres, valora lo que tienes». Sin embargo la vacuidad de este punto de vista le quedó demostrada de una forma bastante dramática a un joven caballero que conocí en un semáforo en rojo, yo en mi ciclomotor y él en un potente descapotable.

Estábamos sentados uno junto al otro, esperando a que se apagara la luz roja, que parecía interminable, simulando, como hacemos a menudo todos en los semáforos, que la otra persona no existe (después de todo, cuando vas en ciclomotor y estás parado frente a un semáforo, es casi como si fueras montado en el coche de la persona que está junto a ti). Él llevaba la ventanilla bajada y de repente rompió el silencio existente entre nosotros.

–¿Qué velocidad alcanza esa cosa? –me preguntó.

–Bueno, unos treinta y cinco o cuarenta kilómetros por hora –le respondí, intentando resultar amigable–. A no ser que vaya en bajada, desde luego.

Entonces intenté salvar un poco mi orgullo añadiendo: –Pero tiene un consumo excelente. ¡Paso de largo todas las gasolineras!

Eso no le impresionó. Simplemente pisó el acelerador dos o tres veces y dijo antes de arrancar:

–Bien.

El tráfico era bastante intenso aquel día. Cuando llegué a la calle por la que solía girar, a unos quince kilómetros de aquel semáforo, por casualidad miré hacia adelante y allí, a una manzana de distancia, para mi asombro, estaba el Trans Am parado ante un semáforo. Aunque se suponía que tenía que girar a la izquierda, y aunque se suponía que con toda seguridad yo tenía que esperar a que mi semáforo se pusiera en verde, no hice ninguna de las dos cosas. Me salté el semáforo y me detuve junto al descapotable. El conductor se quedó atónito. Le sonreí y proseguí con nuestra conversación justamente dónde la habíamos dejado:

–Por cierto –dije yo–, ¿qué velocidad alcanza esa cosa?

–Bueno, se lo diré –respondió seriamente con tono de enfado–, ¡está claro que no la suficiente!

En cuanto nos sentimos preocupados por no ser lo bastante buenos, o porque existe un cierto estándar de éxito social que queremos alcanzar, o porque no tenemos una categoría laboral lo suficientemente impresionante, entonces empezamos a preocuparnos por nuestra imagen. Y cuando empieza a afectarnos lo que piensan los demás, desaparece nuestra capacidad para reírnos de nosotros mismos. La respuesta a la pregunta «¿En qué trabajas?» se ha convertido en la forma que tiene mucha gente de juzgar el valor de un individuo. Aunque está claro que no hay nada malo en tener un «buen» puesto, o en poseer dinero y todas las posesiones materiales que eso conlleva, cuanto más se conozca realmente a sí mismo, más se dará cuenta de que esas cosas son sólo superficiales y no muestran la verdadera belleza de las personas. Sócrates, por ejemplo, no era famoso por su aspecto físico, ni lo era tampoco por su trabajo como picapedrero. En realidad, él era bastante feo y no tenía dinero del que alardear, aunque muchas personas lo consideraban (y consideran aún) el ateniense más maravilloso que nunca haya existido.

Los coches más ostentosos, las casas más grandes, las cuentas bancarias más cuantiosas o una posición elevada en el escalafón laboral no reflejan nuestra esencia como seres humanos ni nos hacen personas especiales. Epícteto, el sabio filósofo estoico, señaló este punto hace más de dieciocho siglos cuando dijo: «Estos razonamientos no tienen ninguna conexión lógica: soy más rico que tú, por lo tanto soy tu superior. Soy más elocuente que tú, por lo tanto soy tu superior. La verdadera conexión lógica es: soy más rico que tú, por lo tanto mis posesiones superan las tuyas. Soy más elocuente que tú, por lo tanto mi oratoria debe sobrepasar a la tuya. Pero, después de todo, tú no eres posesiones ni retórica».

Cuando aprendemos esta verdad, nos sentimos libres para tener posesiones materiales o renunciar a ellas. Y, lo que es más importante, nos volvemos capaces de reírnos de nuestro apego a ellas cuando, como ocurre a todo el mundo, se rompen, se estropean, quedan anticuadas o nos las roban, o cuando se convierten en un estorbo que no habíamos llegado a imaginar.

12

Informe para directivos:
trate a sus empleados
aún mejor que a sus clientes

Muchos directivos de gran éxito profesional se han dado cuenta de que la mejor manera de ofrecer un perfecto servicio al cliente es a partir del servicio al cliente *interno: tratando a sus propios empleados aún mejor de lo que usted espera que ellos traten al cliente final.* Antes de pedir a sus empleados que presten servicio con una sonrisa, tiene que preguntarse: «¿Estoy proporcionándoles algo que les haga sonreír?» Cualquier empresa que quiera mejorar su servicio al cliente interno debe empezar con un innovador programa de «premio y reconocimiento» y con un director que sea consciente de la importancia de la diversión en el trabajo.

Como puede imaginar, los propietarios de la cadena de heladerías Ben & Jerry's, que se enorgullecen de la creatividad que existe en su interacción con los clientes, son igual de creativos a la hora de premiar a sus empleados y reconocer sus méritos. «Nos llegan muchos pedidos de pastel helado desde empresas de nuestra ciudad para las fiestas de cumpleaños de sus empleados», comenta Dick Snow. «Así que corrí la voz por toda la zona de que si una empresa quería encargar un pastel helado en Ben & Jerry's no podría pagar con dinero, sino que tendría que hacerlo con cheques regalo de su propia tienda. De esa manera todos nos beneficiamos. El pastel les cuesta mucho menos, ya que lo pagan con un intercambio, y además yo puedo repartir los cheques como regalos para mis empleados».

De forma similar, Dana Brigham, de la librería Brookline Booksmith, ha intercambiado cheques regalo con comerciantes de sus alrededores, y así los trabajadores de su librería obtienen descuentos en el establecimiento de zumos Gyro's, en la heladería J. P. Lick's, en el café Starbucks, en Videosmith y en el cine de Coolidge Corner, a la vez que los empleados de esos establecimientos obtienen descuentos al comprar libros en Brookline Booksmith.

«Quiero que esta empresa sirva de 'desintoxicación laboral' para mis empleados», explica Lynn McDonald, de Ben & Jerry's. «Así que celebro reuniones del personal en mi casa en las que cocino para ellos y les pido que contribuyan en la toma de decisiones. En esas reuniones animo a los trabajadores de los locales a que expliquen historias sobre sus clientes más duros, los más divertidos y los más ridículos».

Marjorie Tippin es la vicepresidenta de los centros de venta nacional de la empresa Sprint. Uno de sus objetivos globales se denomina «transformar el entorno de trabajo», y uno de los puntos de ese programa es «diversión en el trabajo».

«No llegarás a saber aquello que no puedas ver», dice Marjorie, así que pide a los encargados de los informes que le hagan saber por escrito dos anécdotas divertidas que hayan sucedido en sus secciones durante esa semana.

«Todo el personal de los centros de venta nacional se dedica al marketing telefónico, por lo que el público no los ve. Como consecuencia, pueden divertirse mucho a costa de su ropa», explica Marjorie. En el transcurso de un año, en la oficina de Portland se celebró el Día de los cuadros y los rombos, el Día de los sombreros, el Día de los años sesenta y setenta y el Día de California (en el que todos los empleados fueron a trabajar con sandalias, bañador, gorra y gafas de sol).

La oficina de Denver celebra cada día para sus empleados el concurso de *La Rueda de la Fortuna*. Cuando acaba la jornada laboral, un voluntario hace girar la gran rueda, que está dividida en once categorías distintas como «logró el mayor número de ventas», «hizo el mayor número de llamadas telefónicas» o «habló con el mayor número de clientes».

«Se entrega un premio sea cual sea la categoría agraciada», explica Marjorie. «Nunca se sabe qué categoría va a premiarse un día en concreto, así que hay que intentar destacar en todas esas categorías si se quiere ganar el premio. Después, la persona ganadora hace girar otra gran rueda, dividida en once posibles premios, como entradas para el cine, vales para el alquiler de películas en Blockbuster o una comida para dos personas».

«Pero mi parte favorita», dice Marjorie entre risas, «es cuando al día siguiente Gary Chowder, el jefe de proyecto, entrega el premio al ganador utilizando un cochecito de juguete a control remoto, que entra y sale de todos los cubículos hasta que finalmente se detiene en el del ganador».

Tratar a los empleados con sentido del humor puede ayudarles también a resolver los problemas causados por los clientes difíciles. Un banco de Nueva York tenía dificultades continuas con ciertos clientes que siempre se quejaban del servicio y exigían un trato especial. Los empleados los odiaban por ser «problemáticos» y, a su vez, éstos odiaban a los empleados. Cada vez que uno de ellos entraba en el banco aparecía cierta tensión en el ambiente, y la situación iba en aumento día tras día. El director de la oficina llamó a David Baum, consultor de dirección, y le pidió consejo.

David sugirió que el director regalara una botella de buen vino francés al empleado que, durante la reunión semanal de todo el personal, pudiera contar la peor situación producida al tratar con un cliente problemático. Este inspirado consejo cambió por completo la manera en que los empleados veían a sus clientes problemáticos. Desde entonces, cada vez que uno de ellos entraba en el banco, los trabajadores veían una gigantesca botella de vino con piernas caminando hacia ellos. Así que comenzaron a pelearse unos con otros para atenderlos. «Hola Frank. ¿Cómo va todo, amigo? Venga aquí, déjeme ayudarle. No, no, venga aquí. ¡Hey, Sandra, yo lo he visto primero!»

Como David sospechaba que podría suceder, cuando los clientes empezaron a recibir un mejor trato, a su vez comenzaron a desarrollar una actitud más amigable hacia el banco y hacia sus empleados. Utilizando un truco divertido para romper el continuo ciclo de hostilidad, la acción de David consiguió limpiar la atmósfera y permitir que los empleados y sus clientes condujeran su relación por una nueva vía más amistosa.

Cuando recompensa a sus clientes internos, de forma indirecta recompensa también a sus clientes externos. Éste es un ejemplo en el que la teoría económica de la filtración realmente funciona.

13

Cinco maneras insólitas de divertirse en el trabajo

«La diversión ya nunca más será algo frívolo, si es que lo fue alguna vez», afirma la revista *Fortune* en un reportaje aparecido en su portada con el título «Las 100 mejores empresas para las que trabajar». *Fortune* informa que Interim Services, una empresa de trabajo temporal con sede en Fort Lauderdale, y Lou Harris & Associates identificaron hace poco tiempo a 1.006 «personas de rendimiento destacado» en empresas de los Estados Unidos, y les preguntaron qué tipo de entorno de trabajo se mostrarían más reacios a abandonar. Un 74 por ciento dijo: «Uno que promueva la diversión y las relaciones cordiales con los compañeros de trabajo».

Cada vez más las empresas con éxito descubren que la incorporación de diversión en el ambiente laboral produce un incremento del trabajo en equipo, una mejora del servicio al cliente y ayuda a sus empleados a conseguir una sensación de equilibrio en su vida personal y profesional.

A continuación se exponen cinco maneras insólitas de disfrutar más en el trabajo. Estas técnicas innovadoras fueron inventadas tanto por directivos como por no directivos, y han sido probadas en empresas de todo tipo. *Fortune* señala que «las personas de las 100 mejores empresas hablan constantemente de lo mucho que se divierten en el trabajo». Es hora de que su empresa se una a ellas.

1. Aunque no resulta insólito que una organización nombre a un Empleado del mes, el colegio Richland de Dallas ha convertido el proceso de honrar a su Empleado del mes en una celebración insólita y tremendamente divertida. El primer martes de cada mes el personal directivo (y todos los entusiastas participantes que quieran unirse a la ruta del desfile) recorre todo el campus en busca del empleado que ha sido galardonado ese mes. Cualquier trabajador del campus

puede ser nominado para el premio por otro individuo o grupo de trabajo del campus.

El desfile se desplaza con gran alboroto, música atronando desde grandes altavoces, serpentinas ondeando y acompañamiento de los más simples instrumentos musicales, mientras los participantes buscan a la persona galardonada, que puede estar dando una clase, trabajando en el centro de administración, desayunando en la cafetería o trabajando en el exterior con un cortacésped. Cuando se localiza al premiado, el presidente del colegio, Stephen Mittelstet, lee la proclamación del Empleado del mes y le hace varios obsequios en reconocimiento del premio, entre los que se incluyen privilegios de aparcamiento durante ese mes, una planta criada en el departamento de horticultura y entradas gratuitas para el cine.

Este ejercicio sencillo pero animoso sólo requiere quince o veinte minutos al mes y, sin embargo, indudablemente levanta la moral y fomenta el compañerismo en el campus. Evelyn Wong, que es miembro del departamento de apoyo profesional, fue una de las galardonadas. Explicó que, para ella, la ceremonia de entrega del premio es una de las experiencias más «divertidas, excitantes y emocionantes» que ha tenido en toda su vida laboral; dijo que no sólo la inspiró para ser una trabajadora mejor, sino que la impulsó a empezar a buscar el trabajo bien hecho en los demás empleados, para que así ella pudiera nominarlos.

Otros participantes comentaron lo contentos que se sentían por formar parte del desfile, aunque ellos no fueran los premiados. David Canine, uno de los administradores del campus, dijo: «No puedo explicarle cuántas experiencias positivas producen esos desfiles en todas las personas involucradas en ellos. Algunas personas me toman por loco cuando intento explicárselo, pero es una experiencia realmente divertida para nosotros cada vez que sucede».

2. Julia MacKenzie-Walsh, encargada de la formación en las estaciones de servicio Shell de Londres, creó una «habitación de las palabrotas» para sus compañeros. «Todos necesitamos una huida, algún lugar en el que dejemos salir al exterior nuestras frustraciones», dice Julia. «Así que acondicionamos esta pequeña habitación a la que la gente puede acudir para soltar palabrotas con total tranquilidad. Nadie podía escuchar lo que allí se decía, excepto yo, claro, porque estaba

en la habitación contigua. Además les dije que otorgaría premios a las palabrotas particularmente impresionantes. La ganadora del gran premio fue: '¡Abejas de Dios y libélulas ardiendo!' No, yo tampoco tengo ni idea de lo que significa, pero a todos nos pareció una frase muy divertida y de inmediato comenzamos a utilizarla».

3. Andreas Welch, editor jefe de la revista *Successful Meetings*, envió un informe a los cincuenta empleados de su personal anunciando que un día de la semana siguiente sería el Día de la ropa de punto. El informe pedía a todos los empleados que fueran a trabajar con ropa de punto ese día, el cual sería «una celebración de la ropa de punto en todas sus variedades». El único acto «oficial» fue una sesión de fotos en grupo en la que, según cuenta Andrea, todo el personal posó vistiendo sus «trajes, camisas, corbatas, calcetines, bufandas y cintas para el pelo de punto.» Y antes de que pueda formularse la pregunta añade: «¡No, no había ningún minúsculo biquini de punto amarillo como el de la canción!»

Los miembros del personal conservan copias de la foto como recuerdo, y Andrea incluso la publicó en la revista. «El día fue muy divertido y nos proporcionó un bien merecido descanso en nuestras repletas agendas», dice ella. «No costó nada. Bueno, casi nada: un editor se compró en la calle una espectacular camisa de punto de colores blanco y negro que costaba cinco dólares. La recompensa en términos de moral fue formidable».

4. Dawn Morelli es supervisora de ingeniería de producción en la empresa aeronáutica Honeywell Satellite Systems de Phoenix. Sus compañeros le han puesto como sobrenombre «Reina de los PMR», porque tenía en marcha al mismo tiempo cuatro Planes de Mejora del Rendimiento para sus trabajadores. Dawn llamaba «¿Dónde se ha ido el tiempo?» a uno de esos Planes.

Colgó en su despacho dos calendarios para marcar el transcurso del tiempo. El primero era un calendario tradicional, pero el segundo era un gigantesco calendario de pared. En este calendario marcó los días de trabajo que su equipo fue capaz de ahorrar a la empresa al optimizar el proceso de producción. El equipo examinó un proceso de producción típico (como la soldadura, el latonado y el ensamblaje) y cuando encontraron formas de eliminar el tiempo perdido, añadieron la reducción del ciclo de producción en el calendario gigantesco.

Cuando empezó el programa, en agosto, Dawn celebró una fiesta de año nuevo en la oficina, llena de matasuegras, sombreros de fiesta y un pastel. «Cuando encargué el pastel de año nuevo en pleno agosto, la señora de la pastelería creyó que estaba loca», recuerda Dawn. «Traje copas de plástico llenas de ginger ale, y todos hicimos un brindis por la reducción del tiempo del ciclo. Las personas con las que trabajo creían que había sufrido una insolación, y dado que era agosto y estábamos en Phoenix, ¡parecía una explicación muy razonable! Pero a veces está muy bien ver hacer el tonto a tu jefe, porque ayuda a que todo el mundo se desinhiba y ría. Nuestra fiesta de año nuevo ayudó a que mi equipo se relajara y después volviera a trabajar en el proyecto renovado, incluso con más energía.»

Cada vez que su equipo se disponía a rediseñar un proceso para hacerlo más eficiente, Dawn marcaba en el calendario de su pared los días de trabajo que la empresa se había ahorrado. Los días iban pasando en su gran calendario, y siempre que llegaba alguna fiesta señalada, Dawn se aseguraba de que se detuvieran para celebrarla.

«Ese mismo agosto, cuando llegamos al día de San Valentín, envié tarjetas personalizadas a todos los miembros de nuestro equipo. Preparé las tarjetas con anticipación para que estuvieran listas tan pronto como llegara la fecha, porque creo firmemente en los reconocimientos en su momento oportuno. También repartí unas cuantas chocolatinas con forma de beso entre todos. Algunos de los miembros del equipo ni siquiera se comieron los besos. Las pusieron a la vista en sus puestos de trabajo como recuerdo, ya que estaban muy orgullosos de nuestro cumplido.»

Cuando el equipo llegó a Semana Santa, en septiembre, Dawn repartió caramelos de goma para celebrarlo. El «primer día de primavera» celebró un almuerzo campestre con su equipo y le regaló a cada uno de los miembros un paquete con cromos de béisbol de coleccionista. El «primer día de verano» estaba lista con pizza y unas cuantas gafas de sol con el logotipo de Honeywell.

Tras cinco meses de programa, el personal de Dawn ya había celebrado las fiestas equivalentes a dos años. Y su departamento había contribuido a incrementar la tasa de entrega dentro de los plazos fijados por Honeywell al 87 por ciento, cifra muy superior al 75 por ciento del año anterior.

5. ¿Se divierte lo suficiente en el trabajo? Haga este cuestionario junto a sus compañeros y descúbralo.

1. En su trabajo, hace «descansos para la diversión activa» cada día. **+2**

2. Hace tantos «descansos para la diversión activa» cada día que se está planteando dejar de ser socio del gimnasio y ahorrarse quinientos dólares. **+4**

3. Cuando su jefe tiene un mal día, descarga su mal humor sobre los demás. **–3**

4. Su jefe anima a todos los empleados a que celebren el Día nacional del despeinado llevando pelucas, pañuelos y sombreros extravagantes a la oficina. **+3**

5. Su director encarga pizzas por sorpresa y las reparte por la empresa. **+2**

6. Su jefe le acusa de perder el tiempo cuando intenta organizar un concurso de vuelo de aviones de papel. **–5**

7. Tiene artículos de broma en su mesa. **+2**

8. Usted es un miembro acreditado del comité «¿Nos estamos divirtiendo?» **+3**

9. Se cambia de ropa en medio de la jornada sólo para ver si alguien se da cuenta. **+2**

10. Endosa un cheque con un bolígrafo en forma de pollo. **+4**

Cómo interpretar la puntuación: sume todos los puntos contabilizados en las 10 preguntas.

    0-5:   Gravemente falto de risa.

    6-10:   Levemente privado de diversión.

    11-19: Se merece un aumento de sueldo.

14

Haga algo distinto

El antropólogo Ashley Montagu me dijo una vez que su meta en la vida era «morir joven... ¡a una madurísima avanzada edad!» Con esta frase quería decir que aunque nos hagamos mayores, todavía podemos retener las características vitales de nuestra juventud. No importa a qué problemas y retos nos enfrentemos, nuestras vidas cotidianas pueden estar llenas de vitalidad, alegría, diversión y pasión por las nuevas experiencias. Tampoco importa lo mayor que uno sea: una vez que se aprende a reír y a jugar con la vida, se puede sentir más joven de corazón, tanto en el trabajo como en casa.

La clave para morir joven a una madurísima avanzada edad es cambiar constantemente la manera de hacer las cosas. Siempre que pueda, rompa con las rutinas diarias, cambie sus hábitos de trabajo adquiridos: en otras palabras, haga algo distinto.

Bill Campagna recuerda que, cuando trabajaba para la empresa de seguros Putnam Mutual Insurance, «constantemente teníamos que tomar decisiones en fracciones de segundo, y siempre estábamos presionados por la falta de tiempo. Por eso una vez al mes solía hacer esto: ponía un letrero en mi cubículo que decía SÓLO SE HABLA FRANCÉS. A veces era italiano, alemán o ruso (cualquier idioma menos inglés). Y si alguien se precipitaba en mi despacho para hacerme una pregunta urgente, yo rechazaba contestar a menos que me hablasen en el acento del día. Si intentaban hablarme con voz normal, yo me limitaba a señalar el letrero y decir: 'Peggdón, peggo no entiendo una palabgga de lo que dise'».

«Sabían que si querían algo de mí, tenían que hablar imitando un acento, y justo cuando lo intentaban, a los dos nos daba algo, y nos reíamos sin parar. Siempre funcionaba. Como acumulábamos tanta tensión en el trabajo, distender el ambiente de vez en cuando iba muy bien; y hacer que todo el mundo hablase imitando esos acentos y contra su voluntad era la mejor forma de liberar el estrés que nunca pude imaginar».

En la heladería Ben & Jerry's de Alexandria, Virginia, los heladeros han desarrollado varias técnicas originales para evitar que sus trabajos se hagan monótonos. En estas técnicas también se incluye la manera de comunicarse entre ellos para romper sus rutinas normales. «Servir helados durante todo el día se hace cansado», comenta la heladera Ellie Gompert, por eso los heladeros decidieron que durante un día sólo podrían llamarse por los segundos nombres.

«Antes de todo, tuvimos que aprendernos los segundos nombres de todo el mundo», recuerda Ellie, «y saber algo nuevo sobre las personas con las que trabajo cada día fue divertido; intentar llamarnos unos a otros por nuestros segundos nombres provocaba muchas risas, porque, al principio, siempre que alguien me llamaba de esa forma, si estaba concentrada en alguna cosa, no respondía. No conseguían llamar mi atención, simplemente no estaba acostumbrada a que me llamaran de esa manera. Así que se tenían que poner justo delante de mí y decir mi segundo nombre en voz muy alta y muy despacio, como si ni siquiera yo supiera cómo me llamaba. Entonces, cuando yo me daba cuenta, empezábamos los dos a reír». Eso creó una gran cantidad de energía entre todos los heladeros.

«Los viernes y los sábados por la noche, cuando hay mucho ajetreo, a veces proponemos una regla que consiste en que todos tenemos que hablar en verso, como por ejemplo, '¡No me quedan pastitas, anda y dame unas poquitas!'». Nos resulta tan divertido que todos empezamos a prestar atención a las conversaciones de los demás, porque resulta muy gracioso escuchar a escondidas todas esas rimas».

«Vienen muchos turistas a nuestro local, y todos llegan bastante agotados cuando entran a por un helado. Así que nos gusta hacer cosas originales para animarlos. Como cuando alguien pasa a la primera posición de la cola y nosotros le preguntamos algo tonto como: '¿Le gustan los helados?', o 'Oooh, ¿le apetece helado hoy?'. Los turistas siempre se animan cuando bromeamos así con ellos».

«Elegimos nosotros la música que suena en el local, y eso también nos llena de energía. Sobre todo hay una canción de la banda sonora de *Grease* que nos gusta y, siempre que suena, dejamos de lado lo que estamos haciendo, y realizamos detrás del mostrador un número de baile con una coreografía muy elaborada. Siempre que hacemos esto, nos regalamos una pausa divertida y a los clientes les encanta.»

La librería Brookline Booksmith cierra normalmente a las once, pero un día decidió permanecer abierta toda la noche. Anunció por adelantado a sus clientes que celebrarían una «fiesta pijama», y esa noche todos los empleados y la mayoría de los clientes aparecieron vestidos así. Una banda tocaba en directo en la parte trasera del establecimiento, se servían refrescos y había juegos y concursos, y se entregaban vales regalo de la librería como galardón. Los empleados repartían gratis gorros de noche con el nombre de la librería impreso a todos los asistentes. Aquella insólita celebración fue recordada del mismo modo por clientes y empleados. «Justo el otro día», recuerda la directora de la librería, «me vino una clienta y me dijo que se acababa de comprar el pijama perfecto y, ¡por eso quería saber cuándo íbamos a repetir esa celebración!»

Si entramos por la puerta de la oficina sintiéndonos a gusto con nuestra vida doméstica, tendremos más oportunidades de tener una jornada laboral más divertida y productiva. Para la mayoría de personas, la vida que llevamos fuera del trabajo tiene un profundo impacto en éste. Así que tiene sentido que no podamos establecer una sensación continua de alegría en el entorno del trabajo si primero no conseguimos establecerla en nuestra vida emocional.

Usted puede imaginar que las personas cuyos trabajos no son muy divertidos pueden tener una feliz vida doméstica que compensa de sobras la función pesada y monótona que realizan en sus vidas laborales. No obstante, ésa no ha sido mi experiencia. Una y otra vez, la gente me cuenta que no sólo no disfruta en su trabajo, sino que tampoco sabe cómo conseguir más alegría, pasión y emoción en la vida que lleva fuera de él. En casa quieren llevar un estilo de vida más despreocupado y animado, pero parece que no pueden lograrlo. Personas de todas las esferas me explican que en su entorno doméstico no consiguen todo lo que necesitan y quieren. Sus palabras siempre son las mismas: «Sé que tengo que alegrar mi vida, pero es que no sé cómo hacerlo».

No quiero decir que las vidas de estas personas no tengan sentido. Muchas son lo que, en nuestra sociedad, normalmente llamaríamos seres humanos «con éxito». Muchos son profundamente religiosos, otros entusiastas comprometidos con proyectos y causas maravillosas, relaciones gratificantes y profesiones significativas. Sin embargo, todavía sienten que no experimentan toda la cantidad de alegría y felicidad que la vida les depara. Dicen que están preparados y deseosos de dar el primer paso para hacer algo distinto pero simplemente no saben qué hacer.

Yo les digo: «Claro que sí. Me acabas de decir lo que necesitas hacer: ¡necesitas hacer algo distinto! El primer paso para aprender a tener una vida de juego es dejar atrás tus rutinas normales y encontrar una nueva perspectiva a tu vida diaria. Por ejemplo, sea cual sea la manera en que hayas estado llevando tus relaciones familiares, ahora es el momento de hacer algo distinto».

Hay muchas familias en las que todos se quieren mucho pero en las que las interacciones se han vuelto pesadas y aburridas porque sus vidas en común se han vuelto rutinarias. La verdad es que cada uno de nosotros tiene el poder para romper la rutina, pero alguien tiene que dar el primer paso.

Hace unos años estaba en casa de mi madre con ocasión de una reunión familiar anual y todos íbamos vestidos con nuestras mejores galas. Como siempre en estas ocasiones, llegó el momento para la foto de la familia al completo. Así que nos acercamos al jardín principal y empezamos el difícil proceso de colocar correctamente a quince personas. «Muy bien, cámbiate por Judith, que tú eres más alto. No, vosotros, los niños, bajad y situaos delante. Al, ¿qué tal si sujetas al niño? Bien, Randy, ¡*colócate más cerca*!»

Sentí una sensación de *déjà vu*. No había vivido ya esta escena una vez, sino al menos 853, y no sólo eso, sino que ni siquiera podía recordar haber visto una sola de aquellas fotos; nos hicimos la de rigor y la archivamos en el olvido. Nuestra foto familiar se había convertido en una tradición que no importaba a nadie, pero que nos resignábamos a sufrir todos juntos. Estábamos todos allí reunidos como familia, pero había algo importante que se echaba de menos: la diversión de hacer algo distinto.

Me arrastré de mala gana al lugar que tenía asignado en la foto y, de repente, me detuve en mi camino. Miré a toda esta gente que yo quería, todos andando como zombis. Me sobrevino un impulso loco y grité: «¡Vale, deteneos! ¡Todos, parad! ¡Vamos a hacernos la foto en el tejado!»

Todos me dirigieron miradas perplejas durante un momento. Después aparecieron sonrisas en todas las caras. Todos mis familiares se pusieron en acción: lo que había sido una rutina aburrida de repente se convirtió en un proyecto familiar. Mis primos corrieron al garaje a buscar escaleras, mis tíos idearon una estrategia y mis tías se empezaron a quitar los zapatos de tacón. Yo me esperaba algunas palabras de protesta por parte de mi anciana abuela, pero no, ella subió por un lado de la casa y se sentó en el tejado junto a los demás. Cada uno escogió el lugar que más le gustaba (uno montó sobre el aguilón, una pareja se colocó haciendo equilibrio en la escalera) y todos miramos a nuestro alrededor y sonreímos con entusiasmo.

Nunca subestime el poder de la espontaneidad, de hacer algo distinto de lo que hace normalmente. A veces es lo único que se necesita para desatar la naturaleza divertida que yace latente en los acontecimientos menos proclives (incluso en sus propias reuniones familiares). Ni qué decir tiene que cuando miramos el viejo álbum de fotos familiares es la del tejado la que todo el mundo quiere ver una y otra vez. Nunca deja de provocarnos una sonrisa, y todos reviven los recuerdos de aquel día. No exigió nada especial de nuestra parte más que permitirnos ser espontáneos, permitirnos disfrutar de nuestra naturaleza humana. Todos estábamos listos para salir y jugar.

15

Integre su vida doméstica y su vida laboral

Barbara Beck es la vicepresidenta de la sección de soporte técnico y de ingeniería de Sprint para el oeste de Estados Unidos. Su pasión es ayudar a los empleados a lograr el equilibrio entre su vida laboral y su vida doméstica.

«Las personas que consiguen todos los premios en el trabajo son normalmente aquéllas que necesitan más el equilibrio en su vida», dice Barbara, «porque dedican tanto tiempo al trabajo que no les queda tiempo que ofrecer a sus familias». Por eso Barbara intenta dar premios que animen a los galardonados a pasar más tiempo con éstas (como un cheque regalo por valor de cien dólares para el restaurante favorito, para que así un empleado pueda llevar a su cónyuge a cenar). Un empleado que tiene siete hijos recibió invitaciones para ir a Disneyland con toda la familia.

«Cuando la mayoría de directivos escriben un informe de elogio sobre un empleado, automáticamente envían una copia a su jefe, para que lo archive», explica Barbara, «pero en Sprint vamos más lejos: también enviamos una copia a su casa para que lo pueda compartir con la familia». Una vez que dos empleados pasaron un fin de semana entero en el trabajo acabando un proyecto urgente, Barbara envió guirnaldas de flores secas a sus esposas; la nota que las acompañaba decía: «Valoro de veras que comparta a su marido con la empresa... y quiero que sepa que Sprint también lo valora».

«Sabemos que la vida doméstica de un empleado afecta directamente su actitud y su rendimiento en el trabajo, por eso intentamos integrar al máximo la vida familiar de una persona en el entorno laboral», dice Barbara. «Y no sólo enviamos tarjetas de felicitación por los cumpleaños de los familiares de los empleados, también dedicamos tiempo en el trabajo para celebrar en público los éxitos y los premios de nuestros hijos en el colegio». Barbara transmite sus ideas a Patti Manuel, que es la presidenta de la sección comercial de Sprint. Para introducir el concepto de familia en el trabajo, Patti tiene la pared que hay junto a su oficina como galería de arte para dibujos y pinturas hechos por los hijos de sus empleados. Un año Anne Morris, quien también aporta ideas a Patti, pensó en otra manera de vincular la oficina con el hogar: animó a los trabajadores a decorar sus cubículos para Halloween y cuando llegó el gran día todos los trabajadores trajeron a sus hijos para jugar a «broma o caramelos» de oficina en oficina.

También se celebran otras fiestas en el trabajo. Como puede imaginar, el día de «Trae a tu hija a una jornada laboral» tiene una gran respuesta por parte de los trabajadores de Barbara. Durante las vacaciones de Semana Santa, todo el personal pasó veinte minutos de la jornada laboral buscando los huevos de Pascua. «Había huevos de Pascua de plástico por toda la oficina», cuenta Barbara. «Algunos estaban llenos de caramelos, y otros tenían billetes de un dólar en su interior. No se creería lo emocionadas que estaban algunas personas por encontrar un billete de un dólar escondido dentro de un huevo de Pascua. ¡Y, fíjese, estas personas ganan más de cien mil dólares al año!»

Desde luego, este interés por integrar la vida doméstica y la vida laboral no es exclusivo de Barbara Beck o de Sprint. Maria Fernanda dos Santos Teixeira, vicepresidenta de los servicios técnicos de EDS en Brasil, elige cada mes a dos de los empleados que han estado haciendo horas extraordinarias para ayudar a la empresa a conseguir sus compromisos. «Envío unas líneas a sus familias, explicándoles lo mucho que valoro el trabajo extra con el que este empleado contribuye a la empresa y adjunto un gran ramo de flores a la nota. También mando un cheque de quinientos dólares a su cónyuge, con estrictas instrucciones de dar una gran fiesta en casa para celebrar sus éxitos en el trabajo».

Kris McMurray, director general de la emisora de radio KLDE de Houston, sabe que hay muchos días en que los trabajadores se van del trabajo agotados. Por eso ha decidido celebrar el primer viernes de cada mes el «Viernes desestresador», un día en el que el objetivo para los trabajadores es irse de allí con más energía que con la que llegaron.

Ese día Kris ofrece un almuerzo gratis a los cuarenta empleados de la emisora. Concede los premios «Misión cumplida», que están pensados para reconocer los logros especiales en ventas y para dar la bienvenida a los nuevos empleados; todo el personal decide quiénes son los ganadores. Durante el resto del día Kris contrata a una masajista que va por la emisora dando masajes en el cuello y en los hombros a quien lo desea. Fuera, en el aparcamiento, se lavan todos los coches de los empleados; y un limpiabotas va por la emisora limpiando gratis los zapatos.

–¿Y funciona? –le pregunté a Kris.

–¡Por supuesto –respondió–. ¡Hay personas que vienen al trabajo ese viernes con bolsas llenas con los zapatos de toda la familia y también de todos sus vecinos! Les digo que mi nuevo lema es «Los pies limpios contribuyen a la felicidad de los empleados». Como en muchos negocios, los viernes solíamos quedarnos con poco personal porque había gente que llamaba diciendo que estaba enferma para poder empezar antes el fin de semana; pero eso ya no ocurre. ¿Por qué querría dejar de ir al trabajo para alargar el fin de semana cuando ir es mucho más divertido?

Barbara Beck celebra actos en el trabajo con la plantilla que reproducen el tipo de celebraciones que puede tener con sus propias familias. «Si usted celebra sus reuniones normales en diferentes entornos, estimula nuevas perspectivas», cree Barbara. Por eso ella ha celebrado su reunión en el ferry que va a la isla Catalina. También ha llevado a su plantilla de picnic fuera de la oficina para aumentar rápidamente la cantidad de energía de los empleados. En otra ocasión se llevó a sus colaboradores más directos a un local con humoristas, justo después de acabar una reunión.

El comportamiento que Barbara ejemplifica ha inspirado a los asistentes a pensar de manera similar sobre sus propias reuniones. Una mujer sorprendió a sus empleados al celebrar una reunión en los estudios Universal; como era una empleada de nivel equiparable al de un director, se hizo con una silla de director de cine y con gafas de sol al estilo de Hollywood para que todos los demás empleados las llevaran durante el día. Cuando acabó la reunión formal, todos fueron a disfrutar de las atracciones. «Y por supuesto conmemoramos todas estas aventuras con grandes fotos de recuerdo», dice Barbara. «Hace ya tres años de alguno de estos momentos, y todavía veo fotos en los escritorios de la gente, así que es evidente que después de todo este tiempo todavía es importante para ellos».

Barbara intentó una vez una variación de la excursión de compras de la empresa: dio a cada empleado cien dólares para que se los gastara en una hora, con el añadido de que el vencedor sería la persona que más se acercara a gastar cien dólares exactos. El ganador fue un hombre que compró quince artículos diferentes y que trajo recibos que ascendían a noventa y nueve dólares más el cambio. La participante más sorprendente fue una mujer que se compró un bolso de Gucci de cuatrocientos dólares; «¡Eh, los trescientos dólares extra hacen que me coloque antes que el primero!»

«Un beneficio añadido a toda la diversión», explica Barbara, «es que cuando se sale de la oficina se establece contacto con personas con las que normalmente no interactuaría, y eso da la oportunidad de hacer nuevos clientes. Es obvio que nuestro personal rinde más cuando disfruta. Intento subrayar a mis directivos que si sus empleados son felices, entonces están más tiempo en la empresa y nos ahorramos los enormes costes de sustituir al personal que podríamos haber conservado si se hubiera sentido valorado y considerado».

Una pesada carga de trabajo puede dejar poco tiempo a los empleados de Sprint para realizar trabajos voluntarios en su comunidad. Por eso Barbara da instrucciones para que cada uno de sus jefes de línea productiva salga de las instalaciones con su equipo al menos una vez al año y se involucre en un proyecto de caridad o de servicio a la comunidad. Los equipos de Barbara han trabajado con los proyectos Habitat for Humanity (Hábitat para la humanidad), AIDS Walk (Paseo del Sida), Project Open Hand (Proyecto mano abierta) y la red de escuelas locales. «Es posible estar dentro de las directivas del Congreso y hacer que el personal todavía realice algún trabajo de voluntariado cuatro horas al mes en las escuelas locales, sean padres o no», dice. «En todo caso, realizar juntos el voluntariado fuera del mundo laboral ha fortalecido también la noción de trabajo en equipo una vez de vuelta a él. Y ha dado a los padres de nuestra organización la oportunidad de participar en las vidas de sus hijos».

16

Busque un niño
para que sea su maestro

Ted McCarthy tenía un trabajo que consistía en vender pavimento para uso industrial y estaba ocupado en uno de los mayores negocios de su carrera profesional. El proyecto estaba valorado en más de un millón de dólares y era una de las ventas más lucrativas en la historia de su empresa.

Debido a las características de este negocio, el presidente de la empresa de Ted quiso conocer al cliente, y el de la empresa cliente también quiso reunirse con Ted. Aquel día, cuando Ted se preparaba para ir a la oficina, su hijo de dos años se dirigió a él y le dijo: «Papi, que vaya bien hoy. Yo te ayudo». Ted besó a su hijo y se fue al trabajo.

«Mientras el presidente de mi empresa y yo nos dirigíamos hacia las instalaciones del cliente, yo me sentía orgulloso», recuerda Ted. «Sabía que el trato estaba hecho y que lo único que me quedaba por hacer era celebrar aquella reunión final. Mi contacto en el local del cliente estaba tan interesado por acabar como yo. Él había liderado este proyecto para su empresa y eso iba a suponer un reconocimiento, ya que ésta sería la expansión más grande que habrían hecho. Yo estaba decidido a hacer todo lo que estuviera a mi alcance para dejar a mi contacto bien ante su empresa. Él confiaba en mí y yo iba a corresponder con el mejor trabajo que había realizado jamás.»

«Cuando nos conocimos en la sala de conferencias, apenas podía contener la emoción. Mi contacto y el presidente de su empresa entraron en la sala unos minutos más tarde. Todos nos dimos la mano y nos sentamos. Empecé la reunión explicando a grandes rasgos el plan que habíamos desarrollado durante los últimos meses. Es difícil decir en qué momento perdí el control de la reunión, pero después de unos minutos, se hizo evidente que el presidente de mi empresa y el de la empresa cliente no se podían soportar.»

Ted vio con horror cómo el proyecto en el que había invertido meses de trabajo empezaba a desvanecerse ante sus ojos. Su contacto se limitaba a mirarle, asustado, mientras los dos presidentes se lanzaban mutuamente insultos ofensivos. «Miré el reloj de la pared y lo que yo creía que habían sido horas en esa sala habían sido sólo minutos», recuerda Ted.

«Mis pensamientos volaron por mi mente buscando alguna posible solución para salvar ese trato. La aguja segundera del reloj parecía moverse a cámara lenta, tic, tac, tic, tac. De repente una posibilidad apareció en mi mente. En mi maletín guardaba el estudio del ingeniero en el que se basaba todo nuestro proyecto. Quizás lo podría usar para reconducir a los dos presidentes hacia el asunto que nos correspondía.»

Ted abrió su maletín y de repente se dio cuenta de lo que su hijo pequeño había querido decir esa mañana cuando dijo: «Papi, yo te ayudo». Sin saberlo, su hijo había sacado todos los documentos de su padre y había dejado en su lugar su juguete favorito, un martillo rojo de plástico. El martillo tenía un fuelle chirriador en cada extremo, «de manera que cuando alguien lo golpeaba contra algo, hacía un pií-pií-pií agudo. En ese momento el estrés que sentía era demasiado para mí. Olvidé completamente dónde estaba o lo que estaba haciendo; sin pensarlo agarré el martillo y lo golpeé repetidamente contra mi cabeza. La sala se llenó de aquel ruido penetrante mientras el martillo iba haciendo pií-pií-pií contra mi cabeza».

«Lo que me devolvió de nuevo a la sala fue un sonido incluso más fuerte que el del martillo: risas. Cuando volví a enfocar mi mirada hacia la sala en la que me hallaba, vi que todo el mundo se estaba riendo. Al darme cuenta de lo que acababa de hacer, me puse a reír yo también. Me dio la impresión de que duró varios minutos, no me acuerdo. Sólo sé que tenía lágrimas en los ojos y que me dolía la barriga de la risa. La tensión había desaparecido por completo de la sala. Mientras me limpiaba las lágrimas de los ojos, el presidente de la empresa cliente firmó el contrato para que empezáramos a instalar el pavimento. El presidente de mi empresa le dio la mano y le dijo que había sido la mejor reunión a la que había asistido jamás. Mi contacto me elogió por el excelente trabajo que había realizado. Yo me sentía como un piano en el que habían tocado la sinfonía más difícil del mundo.»

«Ese día aprendí unas cuantas lecciones», concluyó Ted. «La verdad es que el noventa por ciento de mi éxito se debió al amor. Mi amor al trabajo, mi amor por realizar un buen trabajo, mi amor por los clientes que confían y creen en mí, y mi amor por mi familia. Y sobre todo, pensé en mi hijo, y lo mucho que me había ayudado ese día. A partir de entonces, durante años le dije que aquel día había logrado su primera venta.»

Una de las mejores maneras de aprender sobre temas nuevos es estudiar con un maestro que sea un experto en ese tema. Afortunadamente, hay miles de maestros perfectos en el mundo que nos pueden ayudar a aprender a reír y jugar con la vida. Son esos individuos que se caracterizan por su amor al juego: los niños.

Puedo oírles decir a algunos de ustedes: «Espere un momento. Debería conocer a algunos niños que yo conozco. Esos pequeños mocosos narcisistas que lo llenan todo de migas y se suben a las cortinas, no me parecen a mí grandes maestros. ¡Y si mi hijo empezara a robarme documentos del maletín, créame, no pienso que la historia fuera a tener un final feliz!»

Estoy de acuerdo, no estoy sugiriendo que deberíamos comportarnos como niños. Obviamente nuestra infancia es una etapa de desarrollo que debemos superar y dejar atrás. Aunque no hay nada de malo en esa etapa, creo que sería una mala idea quedarse ahí atascado para siempre. Lo que hay que diferenciar claramente son las conductas infantiles de las actitudes infantiles. Es posible ser infantil en el momento de aportar el juego a la vida, pero eso no implica ser infantil al mismo tiempo en la manera de interactuar con los demás. Éste es el motivo de por qué el mismo bestséller que nos dice que «nos volvamos como niños» también nos dice que «abandonemos las maneras infantiles».

Todos llevamos todavía dentro el niño que una vez fuimos. Aunque sólo pudiéramos redescubrir y abrazar las virtudes de ese niño, entonces la risa y el juego llegarían más fácilmente a la vida. Una buena forma de empezar ese proceso de redescubrimiento es buscar a algún niño con el que jugar. Yo recomiendo muy en serio que su maestro sea más pequeño de seis años. Por mi experiencia sé que los niños de menos de seis se caracterizan por un comportamiento juguetón, creativo y espontáneo. Los niños de más edad pueden haber cambiado ya a una forma de ser más lógica y analítica, típica del comportamiento adulto. Nuestro sistema educativo en general premia la conformidad, no la creatividad; recompensa el pensamiento lógico y sistemático, no la espontaneidad ni la diversión. Cuanto más tiempo pasemos en el sistema educativo, mayor premio recibiremos por encontrar una única respuesta «correcta». El pensamiento intuitivo casi nunca tiene premio y en el momento de acceder a la universidad se entra en un templo virtual de la adoración al pensamiento lógico. Así que su mejor maestro probablemente no haya visto nunca unas aulas.

Después de localizar al niño que va a ser su maestro, entonces tendrá que ponerse en el suelo y jugar con él, o quizás los dos pueden irse de excursión a un parque. No olvide, repito, no olvide quién es el maestro y quién es el alumno. Su objetivo es volver a aprender del niño el arte del juego. Intente olvidar todos sus deseos de adulto por controlar la interacción, disponer de reglas, hacerlas competitivas y buscar una forma de establecer un ganador: sólo le estropeará el juego al niño y, a usted, la experiencia de aprendizaje.

Su única función es la de alumno. Recuerde que está ahí como un participante que observa para aprender cómo reír y jugar en la vida, para desarrollar una nueva actitud. Recuerde que está ahí para redescubrir las virtudes infantiles que necesita antes de convertirse en un adulto más divertido.

Los niños ven cada nueva situación con una nueva mirada. Nos enseñan cuánto podríamos enriquecer nuestras vidas si en realidad *viésemos* el mundo y no sólo lo mirásemos y lo dejásemos pasar ante nuestros ojos. Para reírnos y jugar en la vida tenemos que mirarlo de verdad, dejar que la vida nos «hable» y entonces la veríamos como es. Mientras jugaba con mi hija pequeña, a menudo he recordado que continuamente tengo que abrir los oídos, los ojos y el corazón a otros seres humanos.

Un día mi hija, Rachel, que tenía casi seis años, y yo fuimos en coche hacia un barrio antiguo de la ciudad. Mientras estábamos esperando a que el semáforo se pusiera en verde, miré alrededor y vi una persona que vestía con harapos. Me pareció que no había dormido más que unas horas durante la última semana. Llevaba una botella de vino en el bolsillo. Estaba de pie en la esquina y esperaba para cruzar la calle en nuestra dirección. Mi hija y yo nos quedamos mirándolo, aunque fingiéramos que no lo hacíamos.

Sentí como si tuviera que decirle algo a Rachel sobre este hombre. Probablemente lo vi como una oportunidad para un momento educativo en el que yo le podría impartir alguna pequeña enseñanza de la vida. El hombre miraba fijamente al cielo y parecía hablar entre dientes. Miré a Rachel un poco nervioso porque no estaba seguro de lo que le debía decir, sólo estaba seguro de que debía decir algo. Al final dije: «Rachel, ¿qué crees que está haciendo ese hombre?»

Ella me miró con una expresión franca y pensativa y dijo: «No sé, papá. Quizá está escribiendo un poema». ¡Otro momento educativo que no se había desperdiciado! ¡Otro momento de confusión sobre quién era el maestro y quién el alumno! Yo había mirado al hombre y no había conseguido ver a la «persona», sólo había visto a un «vagabundo». Yo había cerrado la puerta a cualquier posibilidad de verlo de cualquier forma que no obedeciera a mis categorías preconcebidas. Le vi desde una perspectiva limitada, cerrada, como un objeto de mi propia creación. Mi hija había visto a ese hombre como una persona, como una posibilidad. Sus alternativas incluso abarcaban a aquellas personas a las que admiro tanto: los poetas. Al contrario que su padre, ella no «sabía» quién era con sólo mirarlo.

Sé que esto sólo suena como una pequeña historia que le sirve a un padre orgulloso para presumir de su querida hija; y aunque eso pueda ser cierto, creo que esta historia nos puede dar una percepción del tipo de actitudes que necesitamos desarrollar para que cada día podamos encontrar posibles compañeros de juego en casi cualquier persona que veamos.

¿Por qué cuanto más mayores nos hacemos más difícil nos resulta hacer amigos? ¿Por qué parece que el mundo está lleno de compañeros cuando somos niños y de pesados cuando somos adultos? Se debe a que en la etapa infantil nos permitimos una voluntad y un optimismo sobre las relaciones potenciales, mientras que de adultos estamos llenos de dudas y prejuicios sobre la gente que conocemos.

Si ya «sabemos» lo que va a suceder en una determinada situación con una determinada persona, entonces podemos estar casi seguros de que nuestra experiencia irá justo por ese camino. Somos prudentes en nuestras interacciones, y en nuestro subconsciente buscamos pruebas que justifiquen nuestros juicios iniciales. Pero una vez que empezamos a pasar algo de tiempo en compañía de niños, en lugar de hacerlo con los ojos de un adulto podemos aprender a mirar de nuevo con los ojos de un niño. Si podemos considerar tanto a la gente que queremos como a la que apenas conocemos como compañeros potenciales, entonces les aseguro que durante la mayor parte del tiempo disfrutaremos de su lado divertido y realmente serán compañeros nuestros. No creo que sea un concepto radical sugerir que los individuos que viven buscando el bien e intentando extraer la alegría de los demás sean las personas con más probabilidades de encontrar lo que buscan.

17

Aprenda a aceptar el reconocimiento

Muchas empresas han desarrollado una manera propia, única y divertida de reconocer de forma personal los logros de sus empleados. En Pizza Hut, Mike Rawlings, el presidente, regala un sombrero de «Jefazo» con su firma a los premiados. En Kentucky Fried Chicken, su presidente Jeff Moody regala como codiciado trofeo un pollo de goma. Y en Taco Bell, Peter Waller se pasea con un cucharón que lleva enganchado un gran pimiento de plástico y, al tocar en el hombro al ganador del premio con este «cetro», le ordena miembro de la Real Orden del Pimiento.

En todas esas empresas prósperas no sólo se anima al presidente, sino a todos los empleados para que reconozcan los méritos de los demás compañeros. Aprender a elogiar en público los logros de los compañeros es una habilidad importante que tienen que desarrollar todas las personas que trabajan. Sin embargo, aunque existen muchos cursos de formación que enseñan a los empleados a dar respuestas efectivas, oportunas y positivas, no existe prácticamente ninguno en el que se enseñe un tema relacionado y de la misma importancia: cómo *recibir* respuestas positivas.

Cada vez que el profesor de oratoria Lee Glickstein ve que alguno de sus alumnos intenta abandonar el escenario tan pronto como acaba el discurso y antes de que el público acabe de aplaudir, él irrumpe en el escenario y lo empuja de vuelta ante los focos. «Recoge tu aplauso», susurra Lee al oído del estudiante. «¡Acuérdate de recoger tu aplauso!»

La mayoría de nosotros no podemos experimentar la sensación de tener una sala llena de gente aplaudiendo de forma entusiasta nuestros esfuerzos. Pero todos tenemos la posibilidad de recibir respuestas positivas de los demás cada día en forma de cumplidos. Un cumplido es un aplauso a un nivel individual, una forma específica de respuesta externa que nos dice qué cosas estamos haciendo bien.

Por desgracia, nuestra cultura empresarial típica no nos enseña a aceptar los cumplidos, sino a negarlos o desviarlos. A eso se le llama ser modesto.

Imagine esta situación típica: usted va caminando por la calle durante la hora de la comida, y se encuentra con un viejo amigo que le dice con admiración «Eh, tienes un aspecto estupendo!» Su respuesta más inmediata probablemente sería:

1. Negación: «¡Oh, no, que va! No me he peinado, y me he puesto lo primero que he encontrado en el armario esta mañana» o

2. Desviación: «¡Tú también! ¡Tienes un aspecto estupendo! De verdad, no bromeo. ¡Estás fantástico!»

La negación y la desviación son lecciones que aprendemos a una temprana edad. Ésa es la razón por la cual si un compañero de trabajo le alaba, probablemente su primer impulso será el de minimizar sus cumplidos y decir que no tiene importancia. Si en lugar de eso usted respondiera al cumplido dándole la razón y además afirmando que, en efecto, usted es una persona brillante, fuerte y amable, su compañero probablemente le miraría pensando que ha perdido la cabeza. Existen nombres para las personas que hablan de sí mismas de ese modo, los más amables de los cuales son «ególatra», «egocéntrico» y «anormal».

Por lo tanto, nuestra sociedad nos premia por sentirnos mal con nosotros mismos. Aún peor, nos premia por no decir la verdad cuando nos sentimos bien.

Enseñamos a los trabajadores que asisten a nuestros seminarios en Playfair que la capacidad de dar respuestas positivas a sus compañeros es un elemento esencial en el mundo laboral, y les instamos a que, utilizando una maravillosa frase de Ken Blanchard, «descubran a alguien haciendo algo bien». Entonces solicitamos voluntarios de entre el público, quienes deben ser individuos ya capaces de decir cumplidos a las personas importantes de sus vidas, para que suban al escenario. Recordamos al resto del público que nadie recibe nunca demasiada respuesta positiva y que ese grupo de compañeros suyos merece recibir algo a cambio de todo el refuerzo positivo que ellos también han estado dando.

Después pedimos a todos los participantes del seminario que se imaginen a ellos mismos en el concierto más espectacular al que hayan asistido, puestos en pie y dedicando una tremenda ovación a los intérpretes, y que tripliquen esa energía y se pongan en pie para dar a las personas que haya en el escenario la ovación más espectacular que nunca hayan soñado.

No hace falta decirlo, toda la sala se vuelve loca, la gente grita, canta, se sube a las sillas, enciende mecheros y los hace ondear sobre sus cabezas; y no sólo es maravilloso contemplar cómo se iluminan los rostros de las personas que están en el escenario con la alegría y la excitación que les produce esta ovación, sino que es igual de emocionante contemplar cómo se llenan de alegría los rostros de los miembros del público mientras aplauden. Después de que los voluntarios vuelvan a sus asientos, la norma es que cualquier persona del público que lo desee puede pedir que los demás se pongan en pie y aplaudan en cualquier momento durante el resto del acto.

En una reunión de trabajadores de Sprint en Nashville, el grupo al completo hizo una salida al Grand Ole Opry, la meca de la música country, la noche siguiente a la sesión con Playfair. Durante una larga pausa del espectáculo uno de los empleados de Sprint se sintió inspirado para subirse a su silla y gritar: «¡Quiero que os pongáis en pie y aplaudáis!» Sus compañeros explicaron que él recibió un aplauso más grande por parte del público aquella noche que cualquiera de los intérpretes.

De la misma forma que tener una sala llena de gente en pie aplaudiéndole puede hacerle sentir muy bien, su ánimo puede reforzarse si recibe un cumplido sin desviarlo, quitarle importancia o negarlo. Esos pequeños momentos de aplauso de cada día pueden ser tan beneficiosos para su bienestar como los aplausos grandes que ocurren una vez en la vida.

La próxima vez que reciba un cumplido fíjese en su reacción inicial. ¿Intenta negarlo o desviarlo? ¿Se siente incómodo al sentirse elogiado? Si esa es su forma habitual de responder a los cumplidos, intente cambiar y decir a la persona que le dedica el cumplido: «¡Muchas gracias, eres muy perspicaz!» Probablemente, tras el momento inicial de sorpresa los dos se echarán a reír. Después piense en lo que habrá hecho: habrá aceptado el cumplido, habrá dado gracias a la persona por fijarse en usted, y habrá devuelto un cumplido, todo en una sola frase. Y además habrán compartido una sonrisa.

Cuando usted se sienta cómodo respondiendo a un cumplido de esta forma, es el momento de intentar la versión avanzada: «Gracias. ¡Cuanto más me conozcas, más te gustaré!»

¿No resulta muy divertido decir la verdad?

Recibir respuestas positivas es una capacidad muy importante que hay que aprender a dar y recibir. La próxima vez que alguien le dedique un cumplido, ¿por qué no lo acepta? ¡Acuérdese de recoger su aplauso!

18

Celebre el «Día internacional de la diversión en el trabajo»

Si los altos directivos de su empresa se muestran reticentes ante la idea de tener diversión en el trabajo, puede hablarles de una fiesta que celebran empresas como IBM, Pacific Bell, AT&T, EDS, Sprint e incluso el Banco de la Reserva Federal: el «Día internacional de la diversión en el trabajo».

Si echa un vistazo al calendario oficial de acontecimientos del Banco Chase, verá que el 1 de abril (o el primer martes del mes de abril, si el día uno cae en fin de semana) se ha designado oficialmente como el Día internacional de la diversión en el trabajo. El próximo mes de abril, ¿por qué no organiza una celebración del Día internacional de la diversión en el trabajo? De punta a punta del país, cientos de empresas estarán muy ocupadas celebrando el día con usted. En celebraciones pasadas, por ejemplo:

- Más de tres mil trabajadores de Sprint de veinte ciudades diferentes se aprovisionaron de cámaras de usar y tirar y celebraron un «safari fotográfico». Cada equipo tenía la misión de volver con fotos de sus componentes en situaciones insólitas que reforzaran el espíritu de equipo, como esperando mesa en un restaurante, sentados en un coche de policía, subidos en lo alto de un árbol o jugando con un perro.

- Empleados de la empresa A Business Conference Call de Chaska, en Minessota, celebraron el día convirtiéndolo en el «Día al revés». Vinieron a trabajar vestidos al revés, hablaron al revés («almorzar a voy me ahora») y terminaron la celebración con un pastel de abajo a arriba.

- En la Biblioteca Pública de Grafton, Ohio, la fiesta duró doce horas seguidas, y cada hora estuvo dedicada a un trabajador diferente.

- Los trabajadores de la librería de la Universidad de Kansas intercambiaron sus ocupaciones durante la tarde.

- Los trabajadores de Sun Microsystems construyeron un equipo informático en el fondo de un tanque para tiburones.

¿Necesita más ideas divertidas? Aquí tiene algunas otras maneras insólitas de celebrar el día junto a sus compañeros:

- Pida a todos los empleados que traigan fotos suyas de cuando eran niños, o de sus mascotas, o del anuario del instituto, y colóquenlas en el tablón de anuncios. Después intenten adivinar quién es quién, o a quién pertenece cada mascota.

- Celebre un sorteo en el que el premio para el ganador sea hacer el viaje diario de ida y vuelta al trabajo en la limusina de la empresa. (Si su empresa no tiene una limusina, alquile una durante ese día).

- Reparta entre sus empleados algunos regalos insólitos para celebrar el día, como cheques regalo para la limpieza del hogar.

- Traiga un ramo de flores y regáleselo a una de sus compañeras con las siguientes instrucciones: «Quiero que las tengas en tu escritorio durante la próxima media hora. Entonces dáselo a alguna otra persona y dile que haga lo mismo».

- Haga unos cuantos descansos durante la jornada laboral y dedíquelos a la diversión, enseñe a sus empleados el arte de los juegos malabares con pañuelos, o jueguen a las canicas.

- Contrate a un masajista para que acuda a su empresa ese día.

- Saque una fotografía de grupo de sus compañeros de oficina vestidos para el «Día de la ropa rota», el «Día de los tirantes» o el «Día del pijama».

- En primavera, celebre el «Día de los perros»: permita que todos los empleados traigan a sus mascotas para que trabajen con ellos.

- Esconda unas cuantas narices de payaso por toda la oficina y organice una caza de la nariz de payaso.

- Haga que todos los empleados intercambien sus trabajos durante una hora. Un trabajador tiene la oportunidad de que el presidente de la empresa realice sus funciones durante un día mientras él dirige y supervisa.

Del mismo modo que el personal de la revista *Successful Meetings* celebró la Navidad en julio, no es necesario que espere al 1 de abril para celebrar el Día internacional de la diversión en el trabajo. Cualquier momento es el adecuado para una celebración. ¿Por qué no organiza un Día de la diversión en el trabajo en su oficina la próxima semana?

Desde luego, existe la posibilidad de que usted trabaje en el entorno laboral más sombrío y privado de diversión del mundo conocido, con compañeros que sean mucho mejores para la tortura psicológica que para divertirse; o quizás trabaja solo, en su propia casa o en una oficina de una sola persona. Esos problemas no deberían impedirle celebrar el Día de la diversión en el trabajo; después de todo, si es absolutamente necesario, siempre podemos divertirnos nosotros solos. En muchas ocasiones me he reído a carcajadas estando solo.

Incluso el gesto más pequeño e insignificante puede hacerle emprender el camino en la dirección adecuada. Cómprese un artículo de broma y colóquelo en su mesa para celebrar el día. O compre varios, y así habrá empezado una nueva colección. Haga funcionar esos pequeños juguetes encima de su mesa a cada hora en punto, y le garantizo que la idea principal de su pensamiento será la de celebrar el Día de la diversión en el trabajo. Fíjese en lo mucho que puede mejorar la calidad de sus conversaciones telefónicas, en lo abierto y receptivo a la diversión y la risa que puede sentirse ese día al saber que miles de personas por todo el país están celebrándolo junto a usted.

Muchas cosas en la vida requieren al menos dos personas: el tenis, el matrimonio o el Monopoly, por citar unas pocas. Por suerte, divertirse sólo requiere una.

19

Lleve su mensaje hasta el ayuntamiento

Una vez haya organizado en su oficina la celebración del Día de la diversión en el trabajo, es el momento de llevar esta fiesta a las calles y conseguir que el gobierno municipal se involucre. Pida a su alcalde que haga pública una declaración en la que se proclame el Día de la diversión en el trabajo en su pueblo o ciudad, y para que le sirva de inspiración proporciónele algún ejemplo. Aquí hay una muestra, concretamente las de Ronald Kirk, alcalde de Dallas, y Willie Brown, alcalde de San Francisco.

Oficina del alcalde / Declaración de la ciudad de Dallas

Puesto que, según las estadísticas del gobierno de los Estados Unidos, la productividad del trabajador estadounidense ha obtenido recientemente los mejores resultados desde 1992; y

Puesto que los aumentos de la productividad son cruciales para aumentar los beneficios empresariales y el nivel de vida individual; y

Puesto que, en el siglo veintiuno, será imprescindible para los trabajadores adoptar el concepto de la introducción de cambios en el entorno de trabajo; y

Puesto que existe una correlación entre la diversión y la productividad; y

Puesto que los trabajadores que se sienten bien en su trabajo son más productivos, más fieles y permanecen en su empresa durante más tiempo; y

Puesto que la diversión en el trabajo es una herramienta de eficacia probada con la que cuentan las empresas para reducir el estrés entre sus empleados, aumentar la moral, construir un equipo, y, en definitiva, mejorar el rendimiento; y

Puesto que se ha designado el 1 de abril como «Día internacional de la diversión en el trabajo»,

Por consiguiente yo, Ronald Kirk, alcalde de la ciudad de Dallas, en nombre de todo el Consejo Municipal, por la presente declaro el día 1 de abril Día de la diversión en el trabajo en la ciudad de Dallas.

Declaración de la ciudad y del condado de San Francisco

Puesto que el día 1 de abril numerosas empresas de costa a costa del país estarán celebrando el Día de la diversión en el trabajo, con el fin de incrementar la productividad y las sonrisas en el entorno laboral; y

Puesto que existe una correlación directa entre la diversión y la productividad, y que los trabajadores que se sienten bien en su trabajo son más productivos, más fieles y permanecen en su empresa durante más tiempo; y

Puesto que comprometer a los trabajadores con la diversión en el trabajo es una herramienta de eficacia probada para reducir el estrés, aumentar la moral, facilitar el trabajo en equipo, y, en definitiva, mejorar el rendimiento; y

Puesto que, de entre las trece felices formas de celebrar el Día de la diversión en el trabajo, una de las favoritas de la oficina del alcalde es llevar champán (o zumo de manzana con burbujas) a la oficina y tomarse el tiempo necesario para brindar con los demás por los éxitos y por los fabulosos fracasos de las últimas semanas,

Por consiguiente yo, Willie L. Brown Jr., alcalde de la ciudad y del condado de San Francisco, destaco la importancia de la diversión, y por la presente declaro el día 1 de abril Día de la diversión en el trabajo en San Francisco.

El grito de batalla de «Lleve su mensaje hasta el ayuntamiento» puede tomarse al pie de la letra, o bien puede ser visto como una metáfora para exponer la idea de la diversión y la risa a cualquier persona que esté en una posición de poder o influencia, como el director general, su inmediato superior o algún otro dirigente laboral. Cualquiera de nosotros puede nombrarse a sí mismo embajador de la diversión ante esas personas poderosas.

Nunca debemos olvidar, sin embargo, que sólo por llevar nuestro mensaje al ayuntamiento no siempre nos escuchará alguien. La historia está llena de ejemplos de profetas, incluidos los profetas de la diversión, cuyos mensajes o bien no fueron escuchados o bien fueron rechazados de inmediato. En situaciones como ésas, es importante recordar que a menudo los cambios requieren tiempo, y que no se debe abandonar.

Durante una época mi esposa y yo vivimos en un pequeño pueblo de México, junto a una polvorienta carretera que era utilizada como circunvalación por la gente que iba y venía de la ciudad de Taxco.

Cada día, gran cantidad de camiones pasaban con estruendo junto a nuestra casa levantando polvo. Era como si viviéramos durante gran parte del día en medio de una tormenta de polvo. Mi mujer se había dado cuenta de que no era solamente nuestra salud la que se veía afectada por el polvo, sino que muchos niños del vecindario también sufrían terriblemente, así que decidió pasar a la acción.

Después de varias llamadas no devueltas a la oficina del alcalde y de que no pudiera llegar a una solución con la secretaria de éste, decidió que era el momento de llevar su mensaje hasta el ayuntamiento. Cuando llegamos a la oficina del alcalde pensábamos que, si queríamos pasar a la acción, teníamos que hacer la visita en persona. Sin embargo, cuando llegamos allí, descubrimos que el partido de la oposición había convocado una manifestación contra el alcalde, y que habían ocupado completamente el ayuntamiento. Los manifestantes llevaban carteles, y había pancartas colgando de las ventanas del edificio, en las que se acusaba al alcalde de todo lo imaginable, desde el incumplimiento de sus promesas hasta el asesinato político.

La cara de mi esposa me indicó que comprendía perfectamente que el alcalde tenía otros asuntos en la cabeza más importantes que el drama de su pequeño desierto: estaba ocupado luchando por su vida política.

Con todo, ella no abandonó. Fue capaz de reírse de la situación política y después seguir adelante en su batalla personal contra el polvo. Solicitó la ayuda de los vecinos para mojar la calle de forma regular, y colocó varias piedras de gran tamaño en puntos estratégicos de la carretera. Los camiones tenían que frenar un tanto para rodear las piedras, y así levantaban mucho menos polvo.

Posiblemente, el alcalde no habría tenido tiempo de escuchar, pero al final mi esposa fue capaz de encauzar el problema de forma creativa. Ése es exactamente el reto que se nos presenta a cada uno de nosotros cuando queremos llevar nuestro mensaje hasta el ayuntamiento. Es bueno recordar que, aunque nuestro mensaje de alegría y diversión caiga en oídos sordos, eso no significa que no debamos lanzarlo de forma fuerte y clara. Como mínimo, habrá movilizado a la persona más importante de las involucradas en el asunto: usted.

20

Dé las gracias a su jefe por despedirle

La mayoría de nosotros estamos educados para ver el lado oscuro de las cosas, más que el lado brillante. Cuando le hacen una evaluación de rendimiento y su supervisor señala diecinueve puntos positivos y uno que necesita mejorar, ¿qué se queda en su mente? Si usted es como la mayoría de las personas, se pasará el resto del día preocupado sobre el único punto en el que obtiene una baja calificación, obsesionándose por lo negativo en vez de celebrar lo positivo.

Y entonces, cuando sucede algo realmente malo, nos hundimos de verdad. Supongamos, por ejemplo, que en una reunión de la plantilla su jefe le escoge para criticarlo y se siente públicamente humillado. Se va a casa por la noche y lo único de lo que es capaz es de reproducir el incidente en su mente una y otra vez. Apenas puede prestar atención a su familia. Se siente inquieto y temeroso. Por la noche no consigue conciliar el sueño porque continúa obsesionado. ¿Qué puede hacer para aliviar su situación?

Si la vida es un juego para usted, entonces lo primero que tiene que hacer es plantearse preguntas como «¿De qué iba este último juego? ¿Cuál es el mensaje oculto para mí? ¿Hay alguna posibilidad de sacar algo positivo de esta triste situación? ¿Podría ser alguna bendición escondida bajo un disfraz?»

Jim McGory trabajaba en el departamento de ventas de unas grandes líneas aéreas. En su evaluación anual, el jefe le dijo que sus cifras eran muy buenas pero que no eran lo suficientemente buenas para la empresa. «Me dijo que cuando íbamos a las reuniones con otras empresas yo siempre era el que primero se quitaba la chaqueta», recuerda Jim. «Eso era un signo para él de que yo no era lo bastante profesional. Entonces me dijo que cuando se acercaba a mi escritorio en la oficina me oía reírme mientras hablaba por teléfono. 'Eso no es del todo admisible', me dijo».

–¡Pero el motivo por el que me río cuando hablo por teléfono es que me lo estoy pasando bien con mis clientes! –protestó Jim–. Obtengo tan buenas cifras porque trato a mis clientes como a amigos.

–Jim, tienes que recordar que, en los negocios, la percepción es la realidad –contestó su jefe–. Si la gente te oye reír, entonces nadie creerá que estás haciendo un buen trabajo.

Jim movía su cabeza con gesto triste y con incredulidad mientras contaba esta historia. «En ese momento se me encendió la bombilla y me di cuenta de que había llegado la hora de irme y empezar mi propio negocio». Así que fundó la empresa MAP Promotions and Incentives, que ofrece promociones en viajes, sorteos y planes de incentivos para las empresas cliente. «Yo quería crear un lugar donde la gente se pudiera reír cuando hablase por teléfono con los clientes y no pareciese raro. En mi negocio tenemos ahora cuatro televisores en la oficina y también música a todas horas. Quería crear un lugar donde la gente pudiera trabajar duro pero donde también se lo pudiera pasar bien. Quería lograr un entorno de trabajo lo más parecido posible al hogar».

En la mayoría de ocasiones no podemos predecir las consecuencias de nuestras acciones, y las cosas que parecen desastrosas vistas de cerca pueden resultar un elemento indispensable de una unidad más grande. «Cuando pienso en mi antiguo jefe», recuerda Jim, «me acuerdo de que nunca me entendió. Pero lo que más recuerdo de él es que ¡me forzó a irme y a hacerme millonario!»

La forma de reaccionar a una situación determinada con su jefe puede depender del punto de vista que usted tenga sobre lo que le está ocurriendo. Una vez vi este aspecto ilustrado de manera conmovedora en una reunión sindical a la que asistí. Una de las participantes le dijo al líder sindical:

–Soy un fracaso total en el amor. Cada vez que me enamoro de alguien, me abandona y me rompe el corazón.

–A ver, ¿de cuántos hombres hablamos?

–De tres.

–Bien, quiero que pienses en el primer hombre durante un momento. Le querías de verdad, ¿no?

–Sí –contestó pensativamente.

–Ahora piensa en el segundo hombre. Le querías incluso más que al primero, ¿verdad?

–Sí.

–Así que, ¿puedes pararte un momento y dar las gracias a aquel primer hombre por salir de tu vida y dejar el espacio necesario para que conocieras al segundo hombre?

Aquella mujer joven estaba obviamente sobrecogida ante tal sugerencia. Pensó en ella durante un momento y de mala gana admitió:

–Sí, supongo que sí.

–Y ahora piensa en el último tipo. Era el que más quisiste, ¿no?

Ella asintió con la cabeza sin estar segura de qué había detrás de esa frase.

–¿Y en parte se debía a que habías querido tanto al segundo que ya sabías cómo tenías que querer al tercero?

–¡Pero para mí él era mucho más que un simple entrenamiento que aplicar con otra persona! –protestó–. ¡Yo le quería de veras!

–Claro que sí –confirmó el líder del grupo–. Tú le querías de veras en ese momento, y él te quería también, y si lo recuerdas y piensas en él sin rencor, ¿le puedes agradecer que te ayudara a aprender cómo amar profundamente y entonces salir de tu vida, para que pudieras tener la oportunidad de conocer al tercer hombre?

Ella le volvió a mirar pensativa.

–Sí –dijo en voz baja–. Creo que sí.

–La vida no es estática –continuó el líder con pasión–. La vida está cambiando continuamente. ¿Ves como en tu experiencia amorosa con estos tres hombres no has estado inmóvil? En vez de eso, es como si hubieras estado subiendo una escalera, y con cada nuevo paso has sido capaz de querer más profundamente y de atraer hacia ti un tipo más poderoso de hombre. Me estás contando que la subida es escarpada y que estás cansada. Me estás diciendo que te quieres parar antes de llegar a lo más alto de la escalera. ¿Realmente quieres darte por vencida? ¿Realmente quieres conformarte con una vida peor de la que te mereces?

»Ahora, ¿puedes agradecerle al último tipo que se deshiciera de ti, saliera de tu vida y preparara el camino para el próximo increíble romance que sin duda está al caer? ¿Puedes imaginar qué clase de hombre debe estar esperándote en el último escalón?

Con una mirada de profundo reconocimiento en su cara, la mujer sólo siguió sentada sin pronunciar palabra.

Todos queremos que la vida sea fácil y simple. Todos nos resistimos al cambio. Por ejemplo, muchas veces nos enfrentamos a una situación incómoda en el trabajo, sólo porque no queremos pasar por la terrible incomodidad de buscar un trabajo nuevo. Fingimos que las cosas no son tan malas como parecen, alejamos la verdad de nosotros hasta que al final adquieren un cariz tan negativo que nos obligan a entrar en acción.

Cuando su jefe le humille delante de los compañeros, quizás eso le obligue a admitir que hay algo que funciona terriblemente mal. Puede que al final se pregunte cómo puede continuar soportando a un jefe que no le aprecia; puede que se pregunte por qué no ha dejado ese trabajo hace tiempo. Como la mujer del sindicato que estaba preocupada porque sus novios la habían abandonado y que no apreciaba su propio crecimiento y capacidad, usted también se aferra a un pequeño escalón, cuando en realidad le está esperando la escalera entera.

¿Es el momento de cambiar de empleo? ¿Ha aprendido lo suficiente durante el tiempo que ha pasado en este trabajo y tiene la preparación para irse a otro mejor? ¿Es posible que pronto esté echando la vista atrás a esta situación, preguntándose por qué no cambió antes de trabajo? Igual que Jim McGory, puede descubrir que un nuevo mundo le está esperando.

Entonces, ¿puede dar las gracias a su jefe por proporcionarle sin darse cuenta el impulso para que cambie su vida a mejor?

21

No tema ser un loco

Si quiere introducir más risa y juego en su vida, a veces es necesario hacer cosas que por lo común pueden parecerle locas, como descubrió mi abuela en el tejado. El arquetipo del loco desempeña una función relevante en la historia humana y tiene cosas importantes que enseñarnos a todos; ése es el motivo por el que algunos de los más grandes maestros espirituales fueron locos. Es el loco el que nos reta a asumir riesgos, a abandonar nuestra seguridad y a probar experiencias nuevas. El loco nos invita a dar la vuelta a las cosas e investigar nuevas posibilidades. El loco es espontáneo, se ríe de la conducta convencional y, como ejemplo, nos anima continuamente a explorar la vida con más intensidad.

A veces oigo a la gente decir que tiene miedo de que los tomen por locos. Por supuesto, nadie quiere parecerlo, pero eso sucede porque entendemos mal el término. En realidad, el loco ha tenido una imagen fuerte y positiva a lo largo de la historia humana. Podemos verlo representado de manera destacada en la obra de Shakespeare, Erasmo y Aristófanes. Prácticamente todas las religiones incluyen su idea e imagen; su tarea consiste en ayudarnos a evitar que nos tomemos demasiado en serio. Como dice un antiguo dicho: «El sabio tiene más que aprender del loco, que el loco del sabio».

Cuando Fran Solomon de Playfair hizo una exposición sobre la importancia de la diversión en el trabajo ante la empresa Choice Hotels International, explicó una historia de un ejecutivo hotelero que se había comprado un par de zapatillas del pájaro Piolín y había causado sensación entre sus empleados al pasearse por todo el recinto con ellas y detenerse al final en el limpiabotas y en el Tiki Bar.

John Ruzik, propietario del centro turístico Quality Suites Resort de Tampa, Florida, estaba entre el público cuando Fran dio su conferencia. Al volver a casa dijo a sus empleados que era importante que se divirtieran más en el trabajo y les contó la historia de las zapatillas de Piolín. Varios días más tarde, uno de los recepcionistas cometió un gravísimo error de contabilidad que sacó a John de sus casillas. Para evitar perder los nervios, John salió de la oficina principal y se fue a la cocina, donde se dirigió a uno de sus subdirectores, que llevaba unas zapatillas de Scooby Doo. «Fue en ese momento cuando me di cuenta realmente de las ventajas de la diversión en el trabajo», cuenta John. «Empecé a reírme tanto al ver a ese tipo con sus zapatillas estúpidas que casi estaba llorando: naturalmente toda la tensión que tenía a causa del error de contabilidad desapareció».

John se fue a comprar zapatillas de animales de dibujos animados para todos sus directores. Volvió al hotel con calzado del Pato Lucas, de Bugs Bunny y de los Teleñecos. Cada día el Quality Suites hace que un subdirector celebre una recepción para los huéspedes, donde éstos pueden disfrutar de bebidas gratuitas y conocerse entre ellos y también al personal del hotel. Cuando repartió las zapatillas con forma de animal, John anunció que cada subdirector tenía que asistir a la recepción durante un mínimo de veinte minutos ¡llevando puesto el divertido calzado! «Le puedo asegurar que a los huéspedes del hotel les encanta ver a los subdirectores así», dice John, «y además es perfecto para romper el hielo. Un día uno de nuestros subdirectores estuvo trabajando hasta tarde en un proyecto y fue deprisa a la recepción del subdirector con sus zapatos habituales. Así que uno de los huéspedes se le acercó y le dijo: 'Eh, ¿es que usted no es un subdirector? ¿Y sus zapatillas?'»

«Llevar las zapatillas cada día ha creado una gran sensación de alegría entre los subdirectores», concluye John. «No tengo ninguna duda de que este tipo de locura ha resultado ser muy productiva para nosotros». Al mes siguiente Fran Solomon fue invitada a dar una conferencia de seguimiento en Choice Hotels. John corrió al escenario cuando ella hubo acabado y regaló a Fran una placa con una foto de todos los subdirectores juntos con sus zapatillas; en reconocimiento a su contribución a la moral de Quality Suites, John le regaló unas de Piolín para ella.

En el pensamiento oriental existe algo llamado la «ley del efecto contrario». Esta ley sugiere que una cosa se genera a partir de su contrario. No hay interior sin exterior; no existiría montaña sin valle. No existen olas sin mar en calma; no puede haber arriba sin abajo.

Me he dado cuenta de que a la mayoría de nosotros nos gusta pensar que somos personas cuerdas y sensatas. Pero si la ley del efecto contrario es cierta, entonces también tiene que haber un loco dentro de nosotros que espera a ser liberado. Si realmente queremos llenar nuestras vidas con risas y juego, entonces no basta con encontrar una o dos herramientas sólo para algunos momentos. En vez de ello, tenemos que estar deseando (por lo menos a veces) encontrar nuestro loco interior y dejarle salir y jugar. Tenemos que permitirnos hacer lo inesperado, asumir un riesgo, volver las cosas del revés. Tenemos que darnos permiso para llevar zapatillas de Piolín siempre que nos apetezca: no sólo nuestras vidas estarán bendecidas con alegría, sino que también llevaremos más alegría a los que nos rodean. Por supuesto, una vez que invite a salir a su loco, es probable que él o ella elija aparecer en los momentos más inverosímiles y en las situaciones más embarazosas.

Eso fue exactamente lo que me ocurrió cuando «personalicé» mi coche. Cuando era famoso entre mis amigos porque me negaba a conducir coches que no estuvieran usados y fueran económicos, también estaba en mi mejor momento de forma física como corredor de fondo. Un día que pasamos junto al garaje, mi amigo Peter Alsop vio dos cajas de cartón que había almacenado en el suelo, en la parte trasera del garaje. Vio el brillo de la plata y el oro que salía de ellas. Se detuvo para verlo mejor.

—¿Qué tienes ahí? —me preguntó.

—Ah, sólo mis viejos trofeos de atletismo —le expliqué.

—¿Ah sí? —me preguntó intrigado—. ¿Qué vas a hacer con ellos?

—¿Que qué voy a hacer con ellos? —dije yo—. Nada. Guardarlos en cajas. He tenido estas cajas ahí durante años. Cada vez que gano un trofeo nuevo simplemente lo echo a una de ellas.

—¡Estás de broma! —dijo Peter mientras se acercaba para verlos mejor—. ¿De verdad no vas a hacer nada con todos estos trofeos?

—¿Qué se supone que tengo que hacer con ellos? —le pregunté—. ¿Me imaginas poniendo una sala de trofeos en mi casa? ¿Te puedes imaginar lo que dirían mis amigos? —Los dos nos reímos de la idea.

—Tengo una idea divertida —dijo Peter mientras acercaba algunas estatuillas a la luz para examinarlas más de cerca—. ¿Me los puedo quedar?

Me detuve un momento para considerar su petición. Empecé a preocuparme un poco. Conocía a Peter lo suficiente para saber que dentro de su alma artística había un perfecto embaucador. Tenía ese brillo desconcertante en la mirada que solía significar que me iba a involucrar en algún tipo de proyecto loco.

—Claro, supongo que sí te los puedes quedar —le contesté vacilante—. ¿Para qué los quieres?

—Primero déjame ver qué tenemos —dijo con una gran sonrisa.

Así que vaciamos las cajas y empezamos a hacer inventario de nuestro alijo. Había un montón de medallas y placas, pero Peter no mostraba interés por ellas. Lo único que quería eran los trofeos. Había cuarenta y nueve en total. Algunos tenían un baño plateado y otros lo tenían dorado. Algunos medían dos palmos de altura, pero la mayoría medían el doble. Todos tenían corredores sobre la base del trofeo en idéntica posición, con el brazo izquierdo doblado hacia delante y el pie izquierdo levantado hacia atrás.

Cuarenta y seis corredores eran hombres y tres eran mujeres. De cómo conseguí los trofeos con figuras femeninas no estoy seguro. A veces, al final de una carrera hay mucha confusión cuando llega el momento de entregar los premios. Muchas veces tenía que marcharme antes de la ceremonia de entrega y uno de mis amigos me decía: «No te preocupes. Yo me quedo y recojo el trofeo por ti», y se quedaban con el primero que pudieran encontrar. Hombre, mujer, ellos sabían que no me importaba. Después de todo, un trofeo es un trofeo.

Peter destornilló una de las estatuillas de su base y se la puso delante con gesto triunfador. Me miró a los ojos.

—¿Qué te parecería, si... —me preguntó intentando mantener la cara seria pero sin lograrlo—, montáramos todos estos corredores en el techo de tu coche?

Tenía la esperanza de que estuviera bromeando, pero enseguida supe que no lo estaba. Sorprendido, pensé en su propuesta durante unos segundos. Al fin y al cabo, mi coche era sólo una vieja furgoneta desvencijada, pero también era mi único vehículo. Incluso tenía un nombre cariñoso: Joya. Era una idea realmente divertida, pero después de todo Peter volvería a Los Angeles en unos días y yo me quedaría compartiendo los míos con el coche. Por otro lado, si rechazaba la sugerencia, entonces mi reputación de jugador se hubiera visto severamente cuestionada.

Le sonreí abiertamente.

—Claro —le dije—. ¡Vamos a hacerlo!

Pedimos prestado un taladro y compramos unos tornillos y unas arandelas de goma.

–No te preocupes –me aseguró Peter–, estas arandelas te protegerán de la lluvia después de que hayamos perforado todos los agujeros del techo, espero.

Separamos la parte interior del techo del coche y comenzamos a taladrar. Hicimos cuarenta agujeros en total, con los corredores agrupados en la parte trasera del tejado y luego espaciados a lo largo del techo igual que lo harían en cualquier carrera. Después pegamos con cola dos corredores más bajando por el parabrisas, y terminamos con nueve corredores repartidos por todo el capó en una apretada llegada a la línea de meta. Colocamos las tres corredoras en la primera, la séptima y la decimotercera posición, y nos preguntamos si alguna persona además de nosotros se daría cuenta de que era una figura femenina la que estaba en la primera posición.

Después sacamos el coche para dar un paseo. Tan pronto como cruzamos la entrada me di cuenta de que mi vida no volvería a ser la misma. Los ocupantes de los coches vecinos se reían, sonreían y nos señalaban con el dedo. Me hacían el gesto de aprobación con los dedos e intentaban tocarme con los laterales de sus vehículos en un intento de establecer contacto con nosotros. Peter y yo estábamos en éxtasis. Éste era el ejemplo supremo del poder positivo que tenía actuar como un loco, era una valla publicitaria que gritaba a la gente que adelantábamos: *¡No hay nada tan serio! ¡Salid y divertíos!*

En las semanas que siguieron, casi siempre que dejaba el coche en público lo encontraba rodeado por multitudes admiradas. En cada grupo parecía haber al menos una persona poseída por el deseo irresistible de imitar a los corredores y quedarse congelado delante del automóvil, con el puño izquierdo doblado hacia delante y la pierna izquierda levantada hacia atrás, encantado con los aplausos y comentarios de los demás espectadores.

El Coche de carreras, como lo llamamos, proporcionaba una oportunidad que superaba enormemente las expectativas más descabelladas sobre mis posibilidades de entrar en contacto con otras personas y de que se me acercaran individuos totalmente desconocidos. Un día, cuando estaba a punto de entrar en el coche, se me acercó corriendo un hombre que me dio la mano entusiasmado. «Mi mujer ha venido aquí de compras», me dijo. «Cuando ha visto su coche, ha hecho todo el camino de vuelta a casa sólo para traerme y que pudiera verlo antes de que se marchara».

Más tarde, la misma semana, mientras me preparaba para salir de un aparcamiento, el mozo se me acercó tranquilamente. «He estado esperando a ver quién era el dueño de este coche», dijo mirándome con cautela, «Me había imaginado que era un artista muerto de hambre o algún tipo de genio».

Algunas personas que no tenían tiempo para esperar y conocerme me dejaban notas en el parabrisas. En una que me dejaron mientras el coche estaba aparcado en la universidad donde daba clase ponía: «Me encanta tu coche. Si no eres un estudiante del departamento de arte, ¿por qué no?». En otra ponía simplemente: «¡Tu coche es fantástico! ¡Me hace sentir bien!»

Me preparé mentalmente para alguien que tuviera una reacción muy negativa hacia el Coche de carreras y que desatara un torrente de insultos y desprecio sobre mí, pero nunca sucedió. En realidad, el único incidente negativo fue un acto de vandalismo fácilmente predecible: un día volví al coche y me encontré con que habían partido a la corredora que lideraba la carrera por los tobillos. Nunca sabré si fue una coincidencia que ella fuera la única corredora dañada o si algún machista ultrajado la había destrozado intencionadamente, pero mi reacción no requirió ningún esfuerzo. Simplemente moví la mujer de la séptima posición al primer lugar y la sustituí por uno de los corredores de sobra de mi colección.

Como puede imaginar, la primera vez que llevé mi coche a una competición de atletismo causó un pequeño alboroto. Me hizo sentir genial que una niña de doce años se me acercara y me dijera, con lágrimas en los ojos: «No puedo creer que haya permitido que una mujer ganara la carrera de encima de su coche. ¡Eso ha sido una inspiración tan grande para mí que hoy voy a salir y voy a hacer la mejor carrera de mi vida!»

Todo se volvió a paralizar cuando fui a un túnel de lavado. Los encargados y los demás clientes miraban con la boca abierta mientras entraba. Habían visto muchos coches personalizados durante el día, pero no habían visto antes nada parecido. Conduje hasta la cinta transportadora y corrí hacia el final del túnel de lavado cuando el coche salía de su baño. Todas las demás personas que estaban en el lugar corrieron junto a mí. ¿Sobrevivirían los corredores al ataque de las cerdas enjabonadas? ¿Protegerían de veras las arandelas de goma el interior del vehículo como Peter me había prometido, o por el contrario saldría inundado por el agua que habría entrado por los agujeros del techo? Un grito de victoria salió de media docena de gargantas cuando el coche emergió, victorioso, de su primer lavado. Brillaba. Resplandecía. Además los corredores estaban fantásticos. Mi automóvil recibió su primera gran ovación cuando iba al trabajo.

Como yo trabajaba en un campus universitario, era inevitable que mi coche se convirtiera en un objeto de serio estudio académico. Salieron clases del departamento de arte para echar un vistazo al Coche de carreras y hubo clases de antropología que también lo examinaron. Puesto que el regalo del loco es ser profesor, este particular acto de locura resultó ser de gran utilidad para mis compañeros de facultad, quienes deseaban enseñar a sus estudiantes una nueva manera de ver la vida.

Uno de los profesores de Antropología vino a mi oficina a hablarme de la «salida de campo» al aparcamiento que había hecho su clase para examinar el Coche de carreras. «He preguntado a los estudiantes cuál es la diferencia entre un adolescente que va por la ciudad en un descapotable dándole revoluciones al motor cada vez que ve chicas y usted que va por la ciudad en su extravagante coche. La diferencia es que al conducir haciendo *¡Brum! ¡Brrumm!*, lo que él está diciendo a la gente es 'Miradme. ¡Éste soy yo!' En cambio, usted va por la ciudad en su Coche de carreras y lo que le está diciendo a la gente es 'Miradme. ¿Quiénes sois vosotros?'»

22

Juege limpio:
la ética es un buen negocio

A la hora de tomar decisiones de tipo ético en el ámbito empresarial, de un grupo de trabajo u organizativo, muchas personas parecen creer que los beneficios y la moral no son compatibles. «Es una vida de perros. O comes o te comen», dicen ellos. «Tienes que luchar por ser el número uno». Las personas que afirman esto demuestran, en mi opinión, que no sólo han malinterpretado lo que es la ética, sino que también saben muy poco sobre perros. He estudiado a estos animales durante gran parte de mi vida; tuve un perdiguero que comía brécol y uvas, y también un caniche corriente que comía queso de Brie, pero jamás he tenido noticia de ningún perro que considerara siquiera la idea de comerse a otro.

Me he dedicado al estudio de la ética de una forma incluso más concienzuda que al estudio de los perros. Estoy absolutamente convencido de que el comportamiento moral es importante no sólo para tener una vida personal saludable, sino también para dar un sentido de bondad a nuestras vidas como trabajadores. También estoy aún más seguro de que vivir cada día como si estuviéramos en una pelea de perros (¡especialmente una en la que el perdedor es devorado!) es una manera muy estresante de vivir. No solamente andará escaso de compañeros de juego, sino que será muy poco probable que experimente diversión o alegría. Resulta sumamente difícil reír y divertirse cuando se está mirando continuamente por encima del hombro para ver quién lucha por alcanzarle o cuál será el próximo perro que intentará devorarle.

La creencia que afirma que siempre tenemos la obligación de perseguir la realización de nuestros propios intereses se conoce como «egoísmo ético». Muchas personas encuentran esta teoría demasiado radical, y en su lugar comparten el punto de vista más sensato que proclama que *debemos* encontrar una manera equilibrada de estar en el mundo, es decir, que tanto nuestros intereses como los intereses de los demás son importantes a la hora de tomar decisiones, sea en el mundo empresarial o en cualquier otro. Muchas personas reconocen que debemos considerar no solamente cómo nos afectan nuestras decisiones, sino también cómo afectan a los demás. Si podemos estar de acuerdo con este punto de vista, entonces estamos obligados a esforzarnos por seguir, como mínimo, un principio ético esencial tanto en nuestras vidas personales como profesionales: tenemos que jugar limpio. Reconocí a grandes rasgos la importancia básica de este principio hace veinticuatro años, cuando fundé mi propia empresa y la llamé Playfair (juegue limpio). Una doctrina de justicia es una pieza básica en casi todas las teorías éticas modernas. Y en su libro *All I Really Need to Know I Learned in Kindergarten,* * que obtuvo un gran éxito de ventas, Robert Fulghum nos recuerda que a todos nosotros se nos enseñó el conocimiento de este principio ético hace mucho tiempo, cuando éramos niños y jugábamos en el patio de la escuela.

Muchas empresas, organizaciones e individuos están empezando a darse cuenta de que jugar limpio es la forma correcta de actuar en el mundo empresarial y laboral. No sólo es deseable porque hace que nos sintamos bien con nosotros mismos, sino también porque crea un buen sentimiento en el trabajo. Robert D. Haas, presidente y director ejecutivo de Levi Strauss & Co, ha declarado que una gran empresa debería ser una «criatura ética». Sostiene que existe una relación muy clara entre el comportamiento ético y el éxito empresarial. Timothy Price, presidente de mercados financieros de MCI, señala que la ética en los negocios (el juego limpio) lleva finalmente a la creatividad, un elemento esencial para la rentabilidad continuada.

La lista de dirigentes que han reconocido la relación entre ética y ganancias crece a diario. El mensaje se muestra clara y nítidamente: jugar limpio con los empleados, con los clientes y con el prójimo es un buen negocio.

Entonces, ¿cuál es la mejor forma de asegurarse de que estamos jugando limpio? En realidad, no siempre resulta fácil decidir si estamos comportándonos éticamente. Creo que el mejor indicio que he recibido en este sentido lo aprendí cuando tuve la fortuna de participar en una pequeña

---

* Edición en castellano: *Todo lo que realmente necesito saber lo aprendí en el parvulario,* Plaza & Janés, Barcelona, 1989.

charla con el decimocuarto Dalai Lama. Descubrí a un hombre muy amable y compasivo, y quedé profundamente impresionado tanto por su sinceridad como por su humor. Percibí muy claramente su gran personalidad y, lo que quizás sea aún más importante, sentí que allí había un hombre que vivía según sus creencias. En nuestra reunión, afirmó que el sencillo criterio que probaba que un acto era bueno era el siguiente: un acto es bueno y correcto si se realiza con buen corazón.

–Pero Su Santidad –protestaron varios de los teólogos y filósofos que le escuchaban–, ¿qué ocurre si las intenciones son buenas pero los resultados del acto son claramente malos?

–Lo que importa es la bondad del corazón, no las consecuencias del acto –respondió él.

–Pero Su Santidad, ¿qué ocurre si una persona piensa que está actuando con buen corazón pero continuamente obtiene malos resultados?

–En ese caso –replicó él–, la persona debe mirar más atentamente dentro de su corazón.

Creo que si miramos más atentamente dentro de nuestro corazón, éste nos dirá que no podemos estar siempre pensando en el rendimiento. No podemos fijar únicamente nuestra atención en los beneficios que obtendremos a título personal. Evidentemente todavía será importante hacer un análisis de costes y beneficios, asegurar la salud empresarial y también nuestra propia salud dentro de la organización. Sin embargo, cuando nuestro corazón sea justo, no buscaremos siempre el dinero, al menos no a corto plazo. Cuando tengamos un corazón justo no nos dedicaremos a cubrir nuestras necesidades de una forma tan exclusiva que nos haga sentir el deseo de pisar a los demás o de apuñalarlos por la espalda. En lugar de eso, veremos a nuestros compañeros de trabajo de la misma forma en la que mucho tiempo atrás veíamos a nuestros compañeros de juegos, como a personas a las que queremos ayudar y con las que queremos cooperar.

Como análisis final, no estoy seguro de que algún día seamos capaces de mejorar nuestra forma de tratar a los demás. Cuando en nuestro negocio nos relacionamos con los empleados, los clientes, los proveedores y los compañeros, ¿qué más podemos pedir de nosotros mismos que escoger nuestras acciones con un corazón justo? Cuando quiera saber qué hacer en una situación problemática, mire atentamente dentro de su corazón. Si su corazón es justo, entonces sabrá que está jugando limpio.

II

Convierta los problemas en oportunidades

23

Cambie su forma de ver el mundo

Barry Merkin es un especialista en logística que fue presentado como presidente de Dresher Inc., el más importante fabricante de somieres de los Estados Unidos. En su primer día en la empresa, Barry convocó a todos los empleados a una reunión para compartir su filosofía empresarial con ellos. En un intento de fortalecer la decaída moral de los trabajadores de la fábrica, dijo a los empleados allí reunidos que debían ver sus asuntos problemáticos como «oportunidades para ayudar a que la empresa recuperara su buena marcha». Dijo que no quería volver a escuchar a ninguno de ellos quejándose de los problemas que tenían. «En esta empresa, de ahora en adelante, no existen problemas, ¡sólo existen oportunidades!»

Poco después, esa misma tarde, Barry oyó el sonido de unas sirenas cercanas y, mirando a través de su ventana, vio las luces intermitentes de los vehículos de emergencia dirigiéndose hacia el muelle de carga. Preocupado, llamó al encargado y le preguntó a qué se debía el alboroto. «Bueno, señor Merkin», respondió el encargado seriamente, «¡parece que tenemos una oportunidad médica aquí abajo, en el muelle!»

Barry Merkin aprendió una lección importante: convertir los problemas en oportunidades requiere algo más que un simple cambio en la terminología, requiere un cambio en nuestra forma de ver el mundo. La razón por la que una persona ve un acontecimiento determinado como un problema no es inherente al acontecimiento en sí mismo; más bien está causada por la *reacción* de esa persona ante el suceso.

Para simplificar, tanto los problemas como las oportunidades existen únicamente en nuestra mente. La misma situación que supone un problema para una persona puede suponer una oportunidad para otra. La mejor ilustración de este hecho es la famosa historia de un jefe de ventas australiano que envía a dos vendedores al interior del país para vender zapatos a los aborígenes. Los dos vendedores han recibido instrucciones de enviar un telegrama después de una semana para informar del progreso de su tarea. El día señalado el primer vendedor telegrafía a su jefe: «SIN ESPERANZA. VUELVO A CASA EN EL PRÓXIMO TREN. ¡AQUÍ LA GENTE NO LLEVA ZAPATOS!» Desalentado, el jefe abre el segundo telegrama, en el que lee: «¡UNA MINA DE ORO! ENVÍE MÁS UNIDADES DE INMEDIATO. ¡AQUÍ LA GENTE NO LLEVA ZAPATOS!»

La forma fundamental que tiene usted de ver el mundo tiene una profunda influencia en el hecho de que vea en su vida problemas u oportunidades. Piense, por ejemplo, en la última vez que vio a un niño entrar gateando en una habitación llena de adultos. Al instante, todo el mundo dejó lo que estaba haciendo para fijarse en el bebé. Empezaron a reír, a sonreír y a hablarle dulcemente. No importa lo que estuviera ocurriendo antes, la habitación se había transformado en un lugar encantador con la llegada del pequeño.

¿Cuál fue la última vez en que usted se introdujo en un grupo de personas y su llegada causó ese efecto en ellos?

Obviamente, no es una cuestión de poder, no estoy sugiriendo que una criatura sea más poderosa que usted. Es, sin embargo, un ejemplo excelente de cómo su visión del mundo puede tener influencia sobre lo que le sucede. Por lo general, una criatura se imagina a sí misma rodeada por un universo benévolo, lleno de todo tipo de criaturas gigantescas, felices y sonrientes, cuya máxima aspiración parece ser la de hacerla feliz. Por lo tanto, el niño se ve a sí mismo en un mundo lleno de oportunidades.

Por otro lado, a la mayoría de adultos se les enseña que ahí fuera hay un mundo altamente competitivo, que no hay suficientes bienes materiales para que nos las arreglemos todos y que es mejor que usted corte su trozo de pastel y lo defienda de todos los contendientes antes de que no le quede nada. Por lo tanto, el adulto se ve a sí mismo en un mundo lleno de problemas.

¿Es capaz de aprender a convertir sus problemas en oportunidades? Desde luego que lo es. ¿Dónde le gustaría más vivir, en un mundo lleno de problemas o en uno lleno de oportunidades? La decisión es suya.

24

Vea las flores entre la basura

Circulaba en una ocasión en un coche conducido por mi amigo Steve, cuando nos llamó la atención otro vehículo que se encontraba lejos, y cuyo techo estaba completamente cubierto de todo tipo de desperdicios y escombros que veíamos volar en todas direcciones conforme se nos iba acercando. «¿No es asqueroso?», comentó él, señalando al vehículo que se nos acercaba. «Creía que a la gente le preocuparía más el aspecto de su automóvil».

Cuando el coche se acercó más al nuestro nos dimos cuenta de que lo que habíamos tomado por desperdicios y escombros eran en realidad pétalos de flores. Resultaba evidente que había estado aparcado durante toda la noche bajo un árbol en flor que había depositado una capa de pétalos en el techo. «¡Uy!», dijo él, «¡olvida lo que acabo de decir!»

Justamente la semana anterior había estado leyendo un libro del maestro zen Thich Nhat Hanh, en el que hablaba de la interconexión de todos los aspectos de la vida. Escribió que cuando él miraba fijamente una flor, podía ver ya como moría y se descomponía y volvía a la tierra. Del mismo modo, cuando miraba un montón de desperdicios podía ver también las semillas de la vida en ellos, y podía visualizarlos convirtiéndose en la flor llena de vida que algún día fueron. Compartí mi recuerdo de ese pasaje con Steve, y después hablamos de la naturaleza de la realidad y la ilusión. «Bueno, quizás después de todo yo no estaba tan equivocado», dijo tras una pausa.

Puede resultar difícil averiguar, mientras está sucediendo, si un acontecimiento será un montón de desperdicios o de flores. Porque probablemente a largo plazo será ambas cosas. Vemos una instantánea de una mujer joven entre las olas, sumergida completamente, y pensamos: «La pobre mujer se está ahogando». Pero si pudiéramos ver la siguiente instantánea de la secuencia veríamos salir su cuerpo a toda velocidad hacia el aire, en la cresta de la ola, y nos daríamos cuenta: «¡Oh, está haciendo surf! ¡Se desliza entre las olas!» Sin el componente temporal, sin la visión a largo plazo, nuestra comprensión de los acontecimientos que ocurren en la vida puede estar formada sólo por instantáneas, en el fondo mal hechas y desenfocadas: así sólo podemos *adivinar* si estamos ante flores o basura, o incluso ante basura que se está convirtiendo en flores.

Fran deLeon, la mujer actor shakespeariana («¡No me llame actriz! ¿Acaso llamaría a una mujer doctor, doctriz, o a una mujer juez, juetriz?») subsistió con diferentes empleos mientras esperaba su salto a la fama en el mundo del teatro, como muchos otros actores que luchan por despuntar. En una ocasión la contrataron para que fuera el dinosaurio Barney y realizara trucos de magia en fiestas infantiles. «Desde luego, el problema era que el traje estaba pensado para una persona de metro ochenta de altura, y yo mido metro cincuenta», recuerda Fran. «Así que las piernas de Barney acababan en un montón de material que recubría mis pies, y yo tenía que moverme dentro de este disfraz para un gigante, esforzándome por ver algo a través de su enorme cabeza púrpura, mientras intentaba hacer trucos de magia para los niños.»

Uno de los mejores trucos de Barney es aquél en el que abre una olla y muestra que está vacía. Sin embargo, la olla tiene un doble fondo, y la siguiente vez que el dinosaurio abre la olla aparece un conejo vivo. «La primera vez que lo intenté fue un gran éxito con los niños. Todos comenzaron a aplaudir y a gritar y a reír; era lo más grande que habían visto en sus vidas. Con todo, lo que el organizador olvidó explicarme fue que el conejo era un animal que no estaba domesticado en absoluto. Se asustó por el ruido y se aterrorizó ante la visión de los niños, así que subió por el disfraz de Barney y se metió en él por uno de los agujeros de los ojos, buscando un sitio donde esconderse y desapareciendo de la vista de los niños».

«Tener al conejo subiendo y bajando por dentro de mi disfraz me perturbó completamente, así que salí corriendo de la habitación para poder sacarme el disfraz y liberar al conejo. Sin embargo, los niños quedaron completamente traumatizados por toda la situación, y yo podía oírlos llorando y sollozando de forma histérica en la habitación en la que los había dejado, gritando: '¡Barney se ha comido al conejito! ¡Barney se ha comido al conejito!'»

Unas semanas más tarde Fran recibió una llamada en la que la contrataban para que fuera Zippy el Buzón durante un par de horas en una convención empresarial. El disfraz medía un metro treinta y cinco centímetros, y quedaba muy holgado sobre su escasa altura. Tenía que llevar medias negras y unas grandes zapatillas de tenis, y el disfraz incluía manos de Mickey Mouse con tres dedos y un pulgar. Fran se colocó bajo la caja del buzón con una mochila colgando de su hombro y paseó por toda la sala repartiendo folletos de su cliente, cosa que resultaba doblemente difícil por culpa de los guantes de Mickey Mouse.

Mientras Fran paseaba por la sala de convenciones, los asistentes se acercaban al buzón y decían: «¿Hay una persona de verdad ahí dentro o eres un enano?» Después de un rato la gente empezó a comportarse más groseramente, diciéndole cosas como: «¿Tienes alguna carta para mí?» o «¡Entrega especial!» o «¡Comprueba mi correo!» «Los gritos sonaban realmente fuertes dentro del disfraz», recuerda Fran, «¡y era muy molesto!»

Después de tomarse unos cuantos descansos, y sintiéndose cada vez más y más desgraciada, comenzó a pasear por la sala de convenciones recitando para sí misma el monólogo del balcón de *Romeo y Julieta*. Ella sabía que nadie podría oír su voz desde dentro del buzón. Cuando pasó ante un espejo y se tuvo a la vista se dio cuenta del aspecto tan ridículo que tenía. «Comprendí por qué la gente me gritaba, ya que tenía una pinta patética», admitió ella.

Entonces miró al frente y vio a Zippy mirándola con expresión de burla desde el espejo. Unió las manos de Mickey Mouse con gesto suplicante, como para volverse a asegurar de lo que era real y lo que no lo era, y gritó a su reflejo en el espejo: «¡Soy una mujer actor! ¡Soy una mujer actor!»

«Me sentía muy mal al dejar que la gente viera al actor de carne y hueso bajo el disfraz, pero tenía que creer en mí misma. Sabía que algún día podría mirarme en el espejo y ver mi cara real devolviéndome la mirada y diciendo: '¡Soy una mujer actor!'»

El círculo se cerró siete años más tarde, cuando Fran hizo el papel de Julieta en la importante sala Los Angeles Theater Center, en una producción que tuvo más de siete mil quinientos espectadores durante el tiempo que duró en escena. «La persona que llevaba el estrafalario buzón era la misma persona que llevaba el precioso vestido de Julieta. Yo era la misma persona dentro de los dos disfraces, aunque nadie más lo supiera».

Aunque la representación de *Romeo y Julieta* fue un gran éxito, hubo ocasiones en las que el público no respondió de la forma que Fran hubiera deseado. «Pero, del mismo modo que en los días de Zippy el Buzón, no perdí la fe en mi capacidad ni en mi entrega; y por eso volvía a decirme a mí misma una y otra vez en esos momentos difíciles: '¡Soy una mujer actor! ¡Soy una mujer actor!'»

«Y después pensaba: 'Bueno, ¡al menos ya nunca más tendré que ser Zippy el Buzón!'»

Nuestras vidas no pueden ser siempre diversión y juego. A veces nuestras interacciones con las demás personas nos provocan sufrimiento; a veces la vida tiene que golpearnos con una sartén en la cabeza para que así aprendamos lo que tenemos que aprender. Pero incluso en esos momentos de sufrimiento puede resultar reconfortante recordar que la vida es un ciclo y que las cosas siempre cambian. La primavera sigue al invierno, el amanecer sigue al anochecer y la energía de nuestros días no es posible sin los períodos de descanso de nuestras noches.

Todos tenemos días en los que nos miramos al espejo y vemos a nuestro propio equivalente de Zippy el Buzón devolviéndonos la mirada. Habrá veces en las que estemos tan enterrados en la basura que olvidemos incluso el aspecto que tienen las flores. Pero sólo porque en un momento determinado estemos cubiertos por la basura no significa que nuestra existencia sea basura. Sólo significa que las flores no han llegado aún.

Una cosa que resulta difícil de recordar es que, aunque en este preciso momento la vida no le esté enviando ninguna flor, siempre puede enviárselas usted mismo. También puede encontrar una forma de hacerse un pequeño regalo en épocas de adversidad, como recordatorio de las flores que pronto vendrán. Puede salir e ir al cine, dar un paseo por el parque, puede jugar con su perro, puede invitar a un amigo a una cena especial o puede llamar a la floristería y enviarse un mensaje de amor a usted mismo.

¡Eh, creo que están llamando a su puerta! No olvide poner cara de sorpresa cuando llegue el ramo.

25

Secretos para
la reducción del estrés

Primera parte:
No escoja el estrés

En los últimos años he pasado mucho tiempo en el Aeropuerto Internacional O'Hare de Chicago, considerado por mucha gente como el epicentro del estrés del mundo conocido. Una tarde me encontraba haciendo cola para comprar un billete para Dallas, donde tenía programada una conferencia al día siguiente. La mujer que se encontraba delante de mí también intentaba comprar un billete para Dallas, pero tenía algún tipo de problema, así que la persona que despachaba los billetes le pidió que se apartara a un lado para que pudiera atender al resto de la gente.

Diez minutos más tarde me encontré a la misma mujer dirigiéndose a la puerta de embarque. Estaba visiblemente alterada, y tan pronto como me vio empezó a caminar hacia el lugar en que yo me encontraba. En un intento de ser amable, le pregunté si se las había arreglado para conseguir su billete, y ella me dijo que no, que no lo había conseguido. Con la voz entrecortada me explicó que la noche anterior la habían asaltado y que había perdido su cartera y sus tarjetas de crédito. Así que había telefoneado a su tío de Dallas y él había comprado un billete para ella. El problema era que en el ordenador de las líneas aéreas aparecía su reserva de billete para el vuelo, pero no había constancia de que estuviera pagado.

«No sé que hacer», me dijo desesperada. «Éste es el último vuelo a Dallas de hoy. Me parece que tendré que pasar la noche en el aeropuerto y mañana por la mañana llamaré a mi tío para decirle que vaya a la agencia de viajes y solucione las cosas allí».

En ese instante me vinieron a la mente dos ideas contrapuestas. La primera fue: «Aquí hay una pobre mujer sola. Puedo ayudarla, puedo comprarle un billete y que me devuelva el dinero cuando lleguemos a Dallas». La segunda y más poderosa fue: «Aquí hay un artista del timo intentando birlarme un billete de avión a Dallas. ¡De ningún modo voy a caer en eso!»

Además, sucede que durante mis días de universitario trabajé de mozo durante un verano en la terminal de autobuses del puerto de Nueva York, y conocí a todo tipo de artistas del timo y vi todo tipo de estafas en directo. Incluso llegué a ser buen amigo de uno de los artistas del timo más veterano, un tipo cuya historia era: «Sólo necesito dos dólares para comprar un billete de vuelta a Buffalo. ¿Puede ayudarme, amigo?» Ganaba más dinero que yo, y, para el final del verano probablemente podría haber alquilado una limusina y haber viajado a Buffalo con todo lujo. Exceptuando, claro está, que no tenía ninguna intención de ir a Buffalo.

Así pues, me consideraba bastante bueno juzgando a las personas, un veterano experto a la hora de olfatear engaños. Cuando hablé con esa mujer durante unos cuantos minutos más, algo se enterneció dentro de mí. Pensé: «Esta mujer necesita mi ayuda, es imposible que sea una artista del timo». Así que le dije: «No se preocupe, no tendrá que dormir esta noche en la terminal. Vamos, le compraré un billete, y puede devolverme el dinero cuando lleguemos a Dallas».

Fuimos juntos hasta el mostrador de venta de billetes, y eso fue lo que terminó de decidirme; resultó que ella tenía un descuento en la reserva para el vuelo. En lugar de costarme los 250 dólares que había pagado por mi billete, su billete me costó solamente 110 dólares. Nos sentamos en asientos contiguos en el avión, y me habló de su vida en Dallas y de su trabajo en Texas Instruments. Yo tenía que preparar algunas notas para mi conferencia del día siguiente, así que no pude pasar con ella tanto tiempo como me hubiera gustado. Pero resultó una compañía verdaderamente agradable, y supe que había tomado la decisión correcta. Nos separamos amigablemente en la zona de recogida de equipajes, y prometió venir a mi hotel la mañana siguiente a las nueve y extender un cheque para mí. Me sentía muy bien por mi acto de generosidad hacia mi recién estrenada amiga.

Llegaron las nueve en punto de la mañana siguiente, y ella no apareció. Yo tenía que irme al centro de convenciones para dar mi conferencia, y cuando volví al hotel más tarde ese mismo día y pregunté, no había ningún mensaje. «¿Está seguro de que no hay nada para mí?», le pregunté al empleado que estaba en el mostrador principal, seguro de que debía haber algún tipo de error. «¿Ningún mensaje, ningún sobre, ningún cheque?»

A la mañana siguiente, cuando aún no tenía ninguna noticia suya, empecé a preocuparme. Así que rebusqué entre mis cosas el pedazo de papel en el que ella había escrito su número de teléfono. Lo marqué con cuidado, confiando desesperadamente no estar marcando el número de la hora y la temperatura en Dallas. El teléfono sonó durante un largo rato, y comencé a tener sudores fríos. Pero entonces alguien contestó: «¡Buenos días! Texas Instruments», y yo solté un suspiro de alivio, recuperando mi fe en la humanidad. Sabía que iba a haber alguna explicación razonable para el hecho de que no hubiera recibido el dinero aún. Pregunté por la extensión de mi amiga, pero no existía tal extensión. Pregunté por ella por su nombre, y la operadora me dijo que no había ninguna persona de ese nombre trabajando allí.

Con el ánimo hundido, me di cuenta de que una artista profesional del timo me había robado 110 dólares.

Mi primera reacción fue la de sentir furia y tener fantasías de una venganza terrible. Me tomaría el mes siguiente libre en el trabajo y acamparía en O'Hare. Encontraría a esa mujer y la lanzaría contra el suelo. Le quitaría todo su dinero, así la próxima vez que explicara a alguien que la habían asaltado estaría diciendo la verdad. Prendería fuego a su carnet de conducir. Llamaría a la policía del aeropuerto, a la del estado, al FBI y a la Interpol. Ni siquiera sabía lo que era la Interpol, ¡pero pensé que era necesaria en este caso!

Al final, me di cuenta: ¡Espere un minuto! Esto es exactamente lo que siempre digo a la gente que no debe hacer. La imaginación humana es muy poderosa, y revivir en la memoria una y otra vez una situación estresante puede ser tan dañino para su salud como abandonarse a la reacción inicial ante el problema. ¿Cuántas veces hemos visto a dos amigos nuestros ante situaciones igualmente «estresantes» y hemos contemplado como uno de ellos se hunde mientras el otro sigue adelante con su vida de forma maravillosa? La diferencia reside en la forma en la que cada persona interioriza esa situación, en la manera en la que la persona interpreta lo que le está sucediendo. El estrés no es inherente a ningún acontecimiento concreto, es parte de su reacción a él.

En otras palabras, todo el estrés está en su mente.

Sabía que cuanto más soñara con tomarme la venganza sobre la persona que me atormentaba, cuanto más me centrara en pensamientos negativos, más daño me hacía a mí mismo. Mientras siguiera pensando en el pasado, que era algo que yo no podía controlar, continuaría torturándome sin que ello tuviera ningún tipo de efecto sobre la persona que me había robado. Si en este mundo había algún tipo de justicia, entonces ella tendría su merecido, pero yo no podía seguir autocastigándome de aquella manera.

Así que respiré hondo, me tranquilicé y me hice esta pregunta: «Muy bien, señor consejero de gestión del estrés, ¿de qué otra forma puede ver esta situación para no volverse loco? ¿Qué otra versión puede haber de esta realidad? ¿Cómo puedo dejar atrás esta situación y volver a entrar en el juego?»

Después de pensar sobre ello durante un rato, de repente me di cuenta de que había sido testigo de una de las más grandes actuaciones teatrales de todos los tiempos. ¡La mujer merecía un Oscar!

Está claro que no suelo pagar 110 dólares por una entrada cuando voy al teatro.

¡Pero tampoco suelo sentarme tan cerca del escenario!

26

Secretos para la reducción del estrés

Segunda parte:
Aprenda a dar un nuevo enfoque
a los pequeños contratiempos de la vida

Aunque hayamos aprendido la estrategia que nos permite hacer frente a las situaciones estresantes, todas las técnicas del mundo se olvidan fácilmente en el calor del momento. La clave está en recordar que las situaciones estresantes no solamente nos suceden: tenemos que escogerlas. El estrés siempre es una elección.

Decir esto no es lo mismo que decir que en nuestra vida no existen las situaciones tristes o dolorosas. Desde luego que existen, pero cada uno de nosotros reacciona de forma distinta a ellas. Podemos escoger cómo vamos a reaccionar. Crear nuestra propia realidad emocional depende de nosotros, y en cualquier circunstancia hay tantas realidades diferentes como formas diferentes de verla. No existe ninguna realidad emocional fuera de lo que sucede en nuestras mentes.

Cuando usted está en el punto culminante de una situación estresante, siente que los músculos de su estómago se tensan, y en ese momento tiene que escoger. Puede quedarse paralizado por la tensión del momento, o bien puede respirar hondo y preguntarse: «¿De qué otra forma puedo ver lo que está ocurriendo para que no me parezca tan estresante? ¿Desde qué otro punto de vista puedo mirar estos acontecimientos? ¿En qué realidad alternativa puedo entrar ahora para que esto no me destroce?»

Esta técnica se llama *reenfoque*. Durante una situación estresante, lo más difícil de recordar es que lo que le está causando el estrés es una versión de la realidad, no la realidad en sí misma. Acuérdese de respirar hondo, de dejar que su mente se desconecte del dolor que siente en ese momento, y empiece a buscar un punto de vista alternativo. Esta acción involucra a la parte del cerebro que se utiliza para buscar soluciones creativas, y el mero acto de pensar creativamente puede resultar en sí mismo un antídoto contra el estrés.

Para practicar, piense en dos o tres acontecimientos del mes pasado que fueron negativos o desagradables, como aquel conductor que, durante un rato, estuvo a punto de hacerle enloquecer el otro día mientras iba en su coche al trabajo. Es posible que ahora se dé cuenta de que invirtió un montón de energía innecesaria en revivir el hecho una y otra vez dentro de su mente. Utilice su imaginación para crear y después poner por escrito tantas respuestas positivas y alegres a la situación como pueda. ¡No tenga miedo de ser extravagante! Intente idear una respuesta que le haga reír a carcajadas.

Cuando consigue reenfocar una circunstancia estresante, la tensión suele desaparecer, y a menudo acaba riéndose, aliviado. ¿Cuántas veces ha oído a alguien decir: «Sé que algún día me acordaré de esto y me reiré»? La pregunta que debe hacerse en todas estas situaciones en las que es posible un nuevo enfoque es: «¿Por qué esperar? ¡Riamos ahora!»

27

Secretos para
la reducción del estrés

Tercera parte:
Replantéese las situaciones difíciles

Durante mis primeros años en el mundo laboral, nunca tuve mucho dinero. Así que adopté una política con respecto a los automóviles que la mayoría de mis amigos encontraban ciertamente sorprendente: me propuse no pagar nunca más de quinientos dólares por uno. De esa forma nunca tendría esperanzas infundadas sobre el coche ni sobre lo que éste podría hacer por mí. Después de todo, solamente un loco esperaría que un automóvil de quinientos dólares arrancara y funcionara bien. Al mismo tiempo, conocía a un montón de gente que había pagado treinta o incluso cincuenta mil dólares por un coche. Se enfadaban mucho cuando tenían algún problema mecánico, porque por la cantidad de dinero que habían pagado esperaban que funcionara a la perfección.

Con mi inigualable récord de catástrofes mecánicas, sabía que si tenía demasiadas expectativas puestas en el automóvil lo único que conseguiría serían preocupaciones. Así que, de la forma en que la había enfocado, mi relación con los coches era un gran juego. Una de las reglas del juego era la siguiente: cuando mi coche tenía una avería importante, simplemente lo tiraba y compraba otro.

Eso no quiere decir que no sintiera apego por los automóviles, porque lo sentía. De hecho, siempre les ponía nombre, y en el transcurso de este libro usted leerá varias historias en las que aparecen los viejos cacharros que me han llevado durante años. Una de estas experiencias me enseñó que replantear mi actitud frente a una situación puede determinar si, en último término, ésta resulta positiva o negativa para mí.

Durante la época en que conducía a Opie, mi viejo Buick Opal, tenía muchos problemas con las llaves. Nunca podía encontrarlas cuando las necesitaba, hasta que se me ocurrió que nunca las perdería si las dejaba siempre en el lugar al que pertenecían: el contacto. Mis amigos me advirtieron que si hacía eso me iban a robar el vehículo. Yo me reía de ellos y les decía: «¿De verdad creéis que alguien va a robar esta máquina vieja? Además, nadie podría recorrer más de tres manzanas, porque hay que saber un montón de trucos especiales para conducirlo». Yo sabía con certeza que mi coche estaba seguro. Hasta que una mañana salí de casa para cogerlo para ir a trabajar y, vi que alguien había robado las llaves.

Cuando hablé con mis amigos y les dije lo que me había ocurrido, todos quisieron saber qué tenía pensado hacer. Bueno, ¿qué podía hacer yo? ¡Evidentemente no podía ir a la policía y denunciar que me habían robado unas llaves! Así que les dije que sólo tendría que esperar a que el ladrón volviera e intentara llevarse el coche. En un intento por ver el lado positivo, me dije que así podría hacer un poco de ejercicio, y que probablemente era un buen momento para empezar a usar la bicicleta para ir a trabajar.

Dos semanas más tarde, un grupo de amigos míos se reunió en mi casa para correr un rato. Desde el robo de la llave, el único uso que yo había sido capaz de encontrar para mi viejo automóvil era el de barra de estiramientos en la que calentar antes de las carreras. Cuando salimos al exterior para hacer los estiramientos me di cuenta de que el ladrón de llaves había sido ascendido a ladrón de coches, porque Opie no estaba. Mis amigos, muy nerviosos, me dieron su opinión sobre lo que debía hacer, y yo les dije que nos habíamos reunido para una carrera, y que todavía tenía la intención de correr, que podíamos pensar en cuál sería el siguiente paso cuando volviéramos. ¿Por qué arruinar toda la tarde?

No habíamos recorrido más de tres manzanas cuando nos topamos con Opie, aparcado encima de la acera. Estaba claro que el ladrón había sufrido algunos problemas con él, como ya sabía yo que iba a suceder. Sin embargo, las llaves no estaban en el contacto. Pensé que el ladrón las habría tirado, lleno de frustración, así que mis amigos y yo nos pusimos a caminar a cuatro patas para peinar la zona en busca de las llaves, pero no hubo suerte. Con todo, mis colegas me demostraron que realmente lo eran, puesto que me ayudaron a empujar el viejo Opie de vuelta a la puerta de mi casa antes de proseguir con la carrera.

Mientras paseábamos, me preguntaba cuál sería la mejor respuesta a esta situación. ¿Podría replantear la situación y convertirla en algo divertido? Me di cuenta de que si llamaba a la policía y denunciaba el incidente no obtendría nada positivo. No es que quisiera sugerir nada negativo de la policía, simplemente estaba siendo realista. Ellos vendrían a mi casa, obtendrían la información pertinente y archivarían un nuevo caso de robo. Llamaría a un herrero, le pagaría cincuenta o setenta y cinco dólares por un nuevo contacto y una nueva llave, y el caso estaría cerrado.

Pensé en todas las alternativas posibles, en todas las maneras que me permitieran convertir el incidente en un juego sin que ello supusiera ningún estrés. Más tarde, me senté delante de mi máquina de escribir y redacté la siguiente carta dirigida al ladrón del coche:

Querido Ladrón de coches,

No tengo ningún problema en dejarle mi coche de cuando en cuando. Sin embargo, agradecería mucho que fuera tan amable de dejar las llaves en el contacto cuando no lo utilice para que así yo pueda hacerlo. Además, si usted desea venir a verme y llamar a mi puerta, le enseñaré cómo conducirlo para que la próxima vez pueda recorrer más de tres manzanas.

Firmé la carta y después la sujeté al coche subiendo la ventanilla con la carta en lo alto de la misma, con la parta escrita hacia afuera.

A la mañana siguiente, cuando salía de mi casa montado en mi bicicleta, eché un vistazo a la carta y vi que el ladrón la había respondido, lo que me causó una gran alegría. Encontré la siguiente respuesta garabateada en el reverso de la carta que yo había escrito con mi máquina:

Creo que está loco. ¿Por qué si no permitiría que su coche sea mi coche? No sólo está loco, sino que además está ciego. Las llaves están en el contacto y han estado allí todo el tiempo.

¡En efecto, las llaves estaban otra vez en el contacto, en el lugar que les correspondía!

He compartido esta historia con ustedes para demostrar un elemento esencial a la hora de reenfocar una situación problemática. Supongo que podría haberme golpeado en la cabeza por ser tan estúpido como para dejar las llaves en el coche y permitir que me lo robaran, pero, ¿qué conseguiría con ello? Me lo habían robado, así de simple. Si quería tomarme la vida como un juego, entonces tenía que empezar por las cosas concretas (por ejemplo: me han robado el coche, ahora ya es demasiado tarde para llevarse las llaves) y ver entonces cuántas soluciones divertidas y positivas podía imaginar para remediar ese hecho. Después, tras haber estudiado todas las posibilidades, escogería la que iba a poner en acción.

Una razón por la que todos tendemos a limitarnos en nuestras reacciones es porque nos sentimos más seguros, más cómodos y con más control sobre una situación que no nos es familiar si buscamos una manera conocida, estándar y predecible de responder a ella. Pero ésa no es la única manera de tener el control de lo que le sucede. Cuando reenfoca las situaciones descubre nuevas posibilidades para su vida. Cuando descubre las nuevas posibilidades, se da cuenta de que siempre tiene elección. Cuando hace una elección, siente que tiene el control. Cuando siente que tiene el control, se siente seguro. Por esa razón, el reenfoque es una de las actividades más fortalecedoras que puede emprender. A largo plazo, es muy probable que rechace más del noventa y nueve por ciento de las posibilidades que se le presenten, pero piense por un momento en lo bien que se lo puede pasar mientras permite que su imaginación vuele en libertad.

28

Recuerde el carácter democrático de la vida

Aunque a veces es fácil olvidarlo, la vida humana tiene un carácter democrático. La sabiduría antigua nos ha enseñado que hacerse mayor forma parte de la naturaleza de todos los seres humanos. Enfermar también forma parte de la naturaleza humana. Todos tenemos que morir. Desde luego, la vida también se muestra democrática de otras formas más positivas. Por ejemplo, todos nosotros podemos encontrar la felicidad, la alegría y el sentido de la existencia.

Reconocer el carácter democrático de la vida es importante, ya que nos puede enseñar que, en un análisis profundo, ninguna persona es más importante que otra. Esto nos ayuda a recordar que no debemos tomarnos a nosotros mismos demasiado en serio.

Tenemos tendencia a olvidar este carácter democrático de la vida de dos maneras, y ambas pueden tener un efecto muy profundo en nuestro ámbito personal y profesional. En primer lugar, cometemos el error de darnos demasiada importancia, pensando que nuestra posición, nuestras posesiones, nuestra profesión o nuestro perfil nos hacen más valiosos que las demás personas. Éste es el error que mi madre solía llamar falso orgullo y que los antiguos griegos llamaban *hubris*.

A la inversa, podemos cometer la equivocación de hundirnos en la falta de autoestima, pensando que de algún modo los demás son más importantes que nosotros. Entregarnos demasiado a la práctica de compararnos nos hace caer en ambos errores, al obsesionarnos con pensamientos extraños como «soy mejor que» o «soy peor que».

La famosa leyenda griega de Ícaro y su padre Dédalo trata de esos dos errores de una forma interesante y creativa. Para poder escapar de su reclusión en una isla griega, Dédalo construye unas alas artificiales hechas de plumas y cera para su hijo y para él. Antes de que emprendan el viaje, Dédalo advierte a Ícaro para que no vuele demasiado alto, ya que si lo hace, el sol derretirá la cera y se estrellará en el mar. Pero la parte de la historia que siempre me impresiona, y que la mayoría de las personas tienden a olvidar, es que Dédalo también advierte a Ícaro para que no vuele demasiado bajo, ya que si lo hace el vapor del agua del mar mojará las alas y él caerá. Una vez que se elevaron por los aires Ícaro se llenó de orgullo por su habilidad para volar. Así que comenzó a elevarse más y más alto hasta que la cera se fundió, y se estrelló en el mar.

Muchas leyendas de la mitología griega nos advierten sobre el orgullo y la presuntuosidad, sin embargo, es importante recordar que esta leyenda también nos avisa de que volar demasiado bajo, es decir, no pensar lo suficiente en uno mismo, nos hará caer al mar. Mi experiencia me dice que las personas tienen tantas posibilidades, o incluso más, de estrellarse y quemarse por volar demasiado bajo que por volar demasiado alto. Nos buscamos una gran infelicidad y una moral baja si pensamos que las demás personas son más importantes que nosotros.

Me he sentido mucho más cómodo en mi vida desde que me di cuenta de que, en sentido real o figurado, no hay nadie que sea más importante que yo. Todavía recuerdo con claridad el día en que vi ejemplificado este principio. Durante muchos años Margaret Mead había sido una heroína para mí. Admiraba su trabajo con las gentes de los mares del Sur, que fuera la antropóloga más famosa del mundo y en especial que hubiera conseguido todo eso teniendo que enfrentarse a los tremendos prejuicios que existían contra las mujeres antropólogas.

Puede imaginar mi nerviosismo cuando fue invitada a dar una conferencia en mi ciudad, y más aún cuando me enteré que yo iba a ser el afortunado individuo que la recogería en el aeropuerto. Había conocido a algunas personas «importantes» con anterioridad, sin embargo, en ninguna de esas ocasiones quedé impresionado en absoluto. Pero me sentía tan pequeño junto a la gran Margaret Mead que estuve preocupado durante días por el hecho de conocerla.

Desde luego, una parte de mi preocupación se debía a que yo iba a ir a recogerla al aeropuerto conduciendo *mi coche*, el anteriormente mencionado Opie. En el camino pronuncié unas cuantas oraciones pidiendo el éxito de mi misión. Después de todo, Opie tenía problemas suficientes como para justificar algunas oraciones sentidas. Para darle una idea de la gran calidad del coche que conducía en aquellos días, déjeme explicarle que cuando giraba hacia la derecha, la puerta del lado del conductor se abría. Y cuando giraba hacia la izquierda, sonaba el claxon.

Para llenar aún más mi mente de dudas, tenía presente el recuerdo del día que recogí en el aeropuerto al astronauta de la NASA Brian Leahy. En aquella memorable ocasión no pude conseguir que Opie se pusiera en marcha, y Brian acabó empujándome por todo el aparcamiento mientras yo me sentaba tras el volante pisando el embrague y rogando al coche que se pusiera en marcha. No estoy seguro de que un astronauta que era un piloto altamente experimentado y a la vez un genio de la tecnología pudiera apreciar plenamente la gracia de la situación. Todavía hoy me pongo las manos en la cabeza asombrado cuando recuerdo a ese hombre, una persona acostumbrada a viajar en modernos vehículos de cien millones de dólares, primero empujando y luego montado en un vehículo como Opie.

Con todo, mientras me dirigía al aeropuerto, la idea de mi heroína teniendo que empujar mi coche para conseguir que arrancara no fue la que más me inquietó, ya que al menos resultaba algo divertida. Empecé a pensar en todas las cosas horribles que podían suceder. Aunque había visto su foto muchas veces, incluso llegué a imaginar la posibilidad de que me quedara de pie en la zona de espera, con las piernas flojas y las manos sudorosas, preguntándome: «¿Y si no la reconozco?»

Mis temores de no reconocerla desparecieron muy rápidamente, pero mi nerviosismo general por conocerla había aumentado mucho. Una mujer muy pequeña que vestía un amplio vestido floreado y llevaba un gran bastón de pastor se acercó caminando desde el avión. Más tarde me explicó que sus amigos le habían regalado el bastón para que le ayudara a caminar. Para mí, sin embargo, parecía que Moisés o quizás el mismísimo Dios hubiera desembarcado de un avión de American Airlines.

Así que, preparado para lo peor y con la misma confianza que un gusano, recogí el equipaje de la reina y me dirigí hacia el coche, que tenía todo el aspecto de estar a punto de convertirse en una calabaza en cualquier momento. Ayudé a la Dra. Mead a sentarse en el asiento del acompañante y murmuré para mi interior unas cuantas oraciones más mientras cargaba su equipaje y su bastón en el asiento trasero. Cuando monté en el coche miré hacia ella y me di cuenta de que estaba buscando algo en el asiento. Le pregunté si había algún problema, y me dijo que estaba buscando el cinturón de seguridad. Esto sucedió mucho antes de que estuviera vigente ninguna ley sobre el cinturón de seguridad, y yo no tenía ni idea de si Opie tenía cinturón de seguridad en el lado del acompañante. Así que, mientras mi nerviosismo crecía, salí del coche y corrí hacia el otro lado para ayudarla a buscarlo.

Mientras buscaba bajo el asiento junto a ella, comenté que ni siquiera estaba muy seguro de que el coche tuviera cinturón de seguridad. Ella me miró con cara muy seria y dijo: «Joven, ¿está usted seguro de que éste es su coche?»

En ese instante tuvo lugar una increíble nivelación entra la gran persona y la insignificante. El momento está grabado en mi memoria de forma imborrable. Contemplé por un instante mi viejo y desvencijado cacharro, y después la miré directamente a los ojos. «Dra. Mead», dije, «¿usted cree que si yo hubiera pedido prestado un coche para venir a recogerla hubiera pedido *este* coche?»

Me di cuenta de que incluso los grandes genios podían hacer preguntas realmente estúpidas. Pude ver con claridad que detrás de todos los títulos, la fama y el reconocimiento estaba Margaret Mead, un ser humano. Cuando me di cuenta de eso, rápidamente nos convertimos en amigos. Fui capaz de conocerla de ser humano a ser humano. Nos divertimos mucho juntos durante el resto del día y de la tarde, y después de su conferencia de esa noche, estuvimos charlando en la habitación de su hotel de todos los temas imaginables, del divorcio al baile, hasta bien entrada la noche.

Todavía siento un gran respeto y admiración por ella, pero también sé que era uno de nosotros, ni más ni menos importante que ningún otro ser humano. Cada vez que empiezo a olvidar esa lección y a creer que una persona es más importante que otra, o aún peor, que yo soy más importante que cualquier otro, intento recordar esta historia. Si todo lo demás falla, entonces pienso en la brillante cita del ensayista del siglo dieciséis Michel de Montaigne: «Hasta el rey más poderoso en el trono más elevado se sienta encima de su trasero».

En el mundo de los negocios a menudo olvidamos que ninguna persona es más o menos importante que otra. Esto sucede con más frecuencia en grandes organizaciones, que tienden a poner el énfasis en la jerarquía y no en la democracia. Es posible que los vicepresidentes y los directores generales comiencen a volar demasiado cerca del sol, creyendo que de algún modo son especiales. A su vez, los empleados que no ocupen puestos directivos pueden volar demasiado bajo y dejar que su autoestima se vea afectada negativamente por el hecho de que se perciban a sí mismos como la pieza inferior de la pirámide empresarial. Desde luego, eso no es bueno para la capacidad de reír y de jugar en el trabajo. Aún peor, puede resultar perjudicial para la supervivencia de la organización, ya que la baja moral resultante de esta situación inevitablemente lleva a una baja productividad.

Una de las claves fundamentales para no darnos demasiada importancia tanto en nuestra parcela laboral como en la personal reside en recordar el carácter democrático de la vida. Debemos recordar que no importa lo mucho o poco importante que otra persona pueda parecer, porque en último término la «importancia» no es más que una ilusión. Aquéllos que puedan ver a través de la ilusión acabarán riendo los últimos.

29

Convierta
las discusiones en juegos

Primera parte:
Casque un huevo sobre su cabeza

Durante mi época de estudiante universitario tuve una novia llamada Susan. Como cualquier pareja, teníamos nuestras discusiones y nuestras desavenencias, y cada uno de nosotros tuvo su ración de chillidos y gritos, de portazos y de pataleos por toda la casa.

Una noche estuvimos discutiendo en la cocina. Estaba tan enfadado que me había convencido a mí mismo de que la discusión no tenía nada que ver con mi tristeza o con alguno de mis sentimientos heridos: esta vez se trataba de tener razón o no tenerla. Yo tenía razón y ella no. Ella me había herido y yo quería herirla también. Grité. Chillé. Mis ojos emanaban vahos venenosos. También Susan estaba muy aferrada a su argumento y no estaba dispuesta a ceder; me chillaba con un enfado cada vez mayor.

En mis fantasías más delirantes yo quería arrojarla contra la nevera, o incluso más, arrojarle la nevera encima. Nos miramos ferozmente con furia desatada y gritamos sin ni siquiera escucharnos el uno al otro. La escasa cordura que me quedaba en la cabeza me dijo que me calmara, que recordara que Susan era la mujer que yo amaba, pero yo le contesté que se callara y que se metiera en sus propios asuntos. Entonces, sin pensarlo, en un momento alcancé un cartón de huevos que estaba sobre la encimera. Con un repentino impulso abrí el cartón, saqué un huevo y lo agarré fuerte con una mano temblorosa.

Sin perder un momento, mirando fijamente a Susan con un gesto amenazador en la cara, casqué el huevo en mi cabeza.

Susan se paró en seco y pude ver que su fiera mirada empezaba a flaquear momentáneamente. Apareció en sus ojos un ligero rastro de pánico. Continué lanzándole mi mirada más hostil e impasible, pero entonces la yema de huevo empezó a gotearme por la nariz. Era imposible para los dos seguir manteniendo la cara seria y soltamos a la vez unas carcajadas histéricas. Susan cogió un paño de la cocina para limpiarme y yo le di un beso manchado de huevo.

Sin darme cuenta di con uno de los grandes secretos que sirven para mantener una vida de risa y juego en medio de un gran desorden emocional: ser impredecible y actuar como un loco. En medio de una discusión haga lo más inesperado. Aunque haya una forma lógica de proceder, haga exactamente lo contrario, sobre todo si le hace parecer alocado. Esta técnica tiene tres ventajas: 1. capta inmediatamente la atención de su pareja sobre usted; 2. orienta su propia atención en una dirección creativa (que es mejor que una agresiva); y 3. les desorienta a los dos durante un momento, lo cual crea una interrupción en la carga emocional de la discusión en la que puede escapar de la espiral tiránica.

De igual forma que la multiplicación de dos números negativos da como por arte de magia un número positivo, dos gestos aparentemente negativos a veces pueden tener un resultado positivo. No hay mejor momento para actuar a lo loco que en medio de una discusión acalorada. Así que la próxima vez que haya una discusión en casa, vaya directo a la cocina. Si está en una verdadera pelea, su compañero le seguirá en su camino a la nevera, lanzándole insultos sin parar por su retirada. Una vez que esté instalado cómodamente en la cocina, puede utilizar su propia percepción dramática para agarrar el huevo en el momento de impacto máximo.

Le garantizo que este inesperado gesto de automutilación pondrá un fin inmediato a cualquier discusión y les servirá de acercamiento a los dos. Cualquier deseo de violencia física que pueda experimentar quedará totalmente satisfecho de esta forma y sentirá una alegría alocada en su mente tan pronto como la rabia desaparezca.

El único problema es que cuando está enfadado y cree que tiene la razón, puede que no *quiera* acabar la discusión, y puede que no *quiera* ese acercamiento con su pareja, sobre todo si piensa que le han tratado injustamente.

Habrá un momento en el que no deseará escuchar la voz interior que le anima a calmarse, y desde luego no querrá escuchar mi voz que le anima a hacer algo impredecible y loco. Pero puede hacerlo. Sé que puede.

¿Cuántas veces ha participado en una discusión con alguien a quien quería, y después, cuando todo ha acabado, se ha visto pidiendo disculpas y diciendo que lo sentía, y deseando que no hubiera ocurrido nunca? Como veterano de bastantes discusiones ridículas acontecidas a lo largo de los años, he aprendido por las malas que la mayoría de ellas son peticiones equivocadas de atención y afecto. Nos sentimos dolidos, no nos sentimos queridos y por eso empezamos una pelea. Pero en la mayoría de casos no queremos en absoluto pelearnos: justo lo contrario, en realidad queremos que nos quieran.

Sé que no le apetecerá hacerlo, pero la próxima vez que se encuentre en medio de una acalorada pelea doméstica, hágase un favor y vaya a por el huevo. Después de unas pocas semanas de hacer esto, cuando empiece a dirigirse a la cocina los dos empezarán a reír y será imposible llevar a cabo una pelea seria. Su pareja le suplicará: «¡Oh, no, el huevo otra vez, no. Todo menos el huevo!»

Y si no está cerca de casa, o no le quedan huevos, no se preocupe, en casi cualquier lugar puede encontrar una forma de comportarse de manera impredecible y loca. En realidad, lo que usted hace es abandonar su convicción de que tiene razón y, en lugar de ello, adquiere un gran conocimiento sobre su propia vulnerabilidad. De manera impulsiva crea un momento de distancia y perspectiva sobre la pelea que les recuerda a los dos que la persona a la que usted cree que odia es en realidad alguien a quien quiere, y alguien que también le quiere a usted. Es ese conocimiento el que le puede ayudar a conducir las peleas más agrias y desesperadas a un final optimista y cariñoso.

30

Convierta
las discusiones en juegos

Segunda parte:
Sea creativo en sus discusiones

Sé que hay un grupo de lectores que estará pensando: «¡Usted debe estar totalmente loco para sugerir que me casque un huevo en la cabeza! Por nada en el mundo lo haría. ¡Y la verdad es que tampoco me entusiasma oír que usted sí lo hizo!»

Cascar huevos no es lo importante aquí. Lo importante es la idea de que es posible lograr una relación cariñosa y consciente entre dos personas. Usted y su pareja pueden acordar de antemano que probablemente vivan acaloradas discusiones y que quieren resolverlas lo más rápido posible. Si puede convertir sus discusiones en un juego, entonces ya está en el camino de convertir las peleas en algo divertido.

El primer paso es reconocer que siempre que se produce una comunicación íntima entre dos personas es probable que también haya fallos en esa comunicación. Siempre que hay dos personas que tienen una relación amorosa, es probable que se sientan vulnerables una respecto a otra y tarde o temprano se hagan daño, intencionadamente o no.

La idea de cascar un huevo en la cabeza es un intento de crear un ritual en el que las dos partes puedan participar, para recordarse el uno al otro que el amor que existe está por encima de la pelea de ese momento. El huevo es un indicador que dice: «Eh, nosotros no queremos actuar así, nosotros nos queremos de verdad, ¿te acuerdas?» Cascar el huevo es un intento de hacer más ligero el daño inevitable que nos provoca nuestra vulnerabilidad, pero desde luego existen muchas otras formas de enfocar el mismo problema de una manera alegre. Usted y su pareja pueden inventar un ritual propio que les haga sentirse cómodos.

Lo importante es que acuerden por anticipado una señal que les recuerde que, aunque en ese momento de pasión crean que están viviendo con el monstruo más horrible del mundo, se quieren. Así que prométanse que esta señal tiene prioridad absoluta y que siempre se tiene que respetar.

Mis amigos Amo y Shelley Tarnoff, por ejemplo, llegaron a la conclusión de que, para ellos, la mejor forma de resolver sus riñas era establecer un sistema en el que mientras uno de ellos habla, el otro sólo puede escuchar, sin responder. Entonces, después de tres minutos, se intercambian los papeles de orador (o chillador) y oyente, y siguen haciéndolo cada tres minutos hasta que cada uno empieza a escuchar lo que el otro dice y pueden resolver sus diferencias.

De este modo, Amo y Shelley se comprometieron en firme para que siempre que uno de ellos dijera «¡Modo de escucha!» inmediatamente dejaran de pelearse y pasaran a este método de resolver sus desavenencias, sin tener en cuenta si en ese momento les apetecía o no. Cuando ya habían perfeccionado el modo de escucha, cambiaron a una variación que llaman «modo de escritura». Cuando uno de ellos grita «¡Modo de escritura!» en medio de una discusión, los dos dejan de hablar, agarran lápiz y papel y se lanzan notas llenas de furia. La regla consiste en que pueden seguir peleándose ferozmente, pero lo tienen que hacer mediante la escritura. Entonces se lanzan notas feroces sobre la mesa y cada uno lee las del otro con una mirada de incredulidad; después, dramatizando, las rompen. A continuación se devuelven respuestas enfadadas. Al cabo de unos minutos de diatribas garabateadas, de miradas desdeñosas y de puntas de lápiz rotas, se quedan agotados. Las primeras palabras que se pueden decir en voz alta uno al otro son: «Lo siento, cariño».

Amo y Shelley han tenido muchas ideas geniales sobre formas divertidas de transformar las discusiones. Un día decidieron que en medio de una pelea, cualquiera de ellos podría decir «¡Intercambiar ropa!» e inmediatamente tenían que vestirse con la ropa del otro. «¿Cómo puedo seguir enfadada con él si lo veo vestido con mi ropa?», preguntaba Shelley. «¡Lo único que lamento es que yo no llevara puesto un vestido de noche en ese momento!»

Aunque mi amiga Fran no pudo asistir a mi boda, envió una fantástica idea para nosotros, los recién casados. Nos dio instrucciones a Geneen y a mí para que colocáramos una mesa en un lado de la sala del banquete de bodas. En la mesa había un gran sobre de manila, un surtido de bolígrafos y papel para escribir. Entonces pedimos a los invitados que escribieran sugerencias de cosas que pudiésemos hacer siempre que (seguro que ocurriría en algún momento) tuviéramos grandes discusiones. La idea consistía en que en algún momento del futuro, siempre que nos encontráramos en una pelea incontrolada, acudiéramos al sobre, sacáramos una de las instrucciones de nuestros amigos e hiciéramos lo que pusiera, fuera lo que fuera.

Después de la boda guardamos el sobre a mano en un cajón del escritorio, y rápidamente lo olvidamos del todo. Varios meses después nos vimos en medio de una gran pelea. Blanche, nuestro enorme gato estaba demasiado gordo y continuaba ganando kilos a pesar de que su veterinario le había prescrito una dieta estricta. Geneen estaba extremadamente preocupada por la salud del gordote y sospechaba que yo le había estado dando comida de más. Era cierto. Blanche me pillaba solo en la cocina y practicaba una elaborada estrategia diseñada para ablandarme. Primero emitía los más tristes maullidos de hambre y necesidad, después se ponía panza arriba, rascaba el armario en el que guardábamos su comida y miraba con pena su cuenco. Finalmente saltaba a la repisa, me miraba directamente a la cara con sus grandes ojos azules y bizcos, y daba unos chillidos y maullidos lastimosos. En ese momento yo casi me echaba a llorar y le ponía un poco de comida extra en su plato, que él engullía con agradecimiento ronroneando todo el rato y mirando feliz hacia arriba.

Sin embargo, en vez de admitir mi culpa, propuse la teoría alternativa de que quizás Blanche había aprendido a abrir la puerta del armario solo y que sacaba su comida a hurtadillas mientras estábamos fuera de casa. A Geneen no le hizo gracia y la discusión resultante se deterioró rápidamente más allá de los límites de todo discurso educado.

Finalmente, no obstante, confesé. Prometí que sería un padre de gato más responsable y que ya no me embaucaría el lloriqueo de Blanche. Tan pronto como Geneen y yo nos reconciliamos, me acordé del sobre mágico. Así que le dije: «Eh, ¿te acuerdas de aquel sobre de nuestra boda para resolver discusiones? Vamos a echarle un vistazo y veamos qué dice».

Geneen me miró asombrada y me dijo:

—No podemos mirar el sobre *ahora*.

—¿Por qué no?

—Porque ya hemos acabado nuestra discusión. ¡Las sugerencias del sobre son para cuando estemos en *medio* de una discusión!

Tuve que admitir que tenía razón. Pero yo quería desesperadamente mirar el sobre. Mi curiosidad se estaba apoderando de mí. En una fracción de segundo se me pasó por la cabeza un pensamiento realmente demente: podía fingir que empezaba otra gran discusión justo en ese momento, sólo para tener la oportunidad de mirar en su interior. Pero me abstuve y prevaleció la tranquilidad doméstica. Sin embargo, a partir de ese momento nunca nos volvimos a olvidar del sobre. A continuación expongo algunas de las ideas que contenía.

«Primera parte: parad, no importa sobre qué discutáis», escribió Ritch. «Tenéis que intercambiar vuestros puestos y discutir desde el punto de vista del otro al menos durante cinco minutos. Segunda parte: abrazaos. Tercera parte: volved a la pelea original, si podéis».

Sarah llevó esta idea un poco más lejos. «Seguid con vuestra pelea», aconsejaba, «¡pero a partir de ahora tenéis que hacerlo cantando como si estuvierais en una ópera!»

El siguiente es un mensaje de un invitado anónimo: «Enfriaos. Podéis recurrir a una respuesta braquicardiaca (que ralentiza el ritmo del corazón), sumergiendo la cara en una cazuela con agua a temperatura de hielo. Compartir una gran cazuela también puede ayudar a calmar las cosas».

Stanley escribió un mensaje para mi mujer en un lado del papel: «Éste es un mensaje personal sólo para tus ojos. ¿Recuerdas todas las veces que te has equivocado antes? Probablemente vuelvas a estar equivocada. Haz las paces con él antes de que sea demasiado tarde». No obstante, el poder de esta orden se diluye un poco cuando se compara con el de la nota del dorso, dirigida a mí: «Éste es un mensaje personal sólo para tus ojos. ¿Recuerdas todas las veces que te has equivocado antes? Probablemente vuelvas a estar equivocado. Haz las paces con ella antes de que sea demasiado tarde».

El mensaje de Peter decía: «Parad de hablar y miraos fijamente a los ojos durante un minuto entero. Contemplad esa preciosa mirada que se dirige a vosotros. Después de un minuto daos un gran beso húmedo.

Hacedlo ahora, como vosotros sabéis. Luego, si queréis seguir peleándoos, adelante, estáis en vuestra casa. Pero ¿no tenéis nada mejor que hacer con vuestros labios que empezar una pelea?»

Shelley contribuyó con una sugerencia que sirve para acabar rápidamente con cualquier discusión: «Dejad lo que estáis haciendo y pintad caras en el trasero del otro con pintalabios. ¡Buena suerte!»

31

Convierta las discusiones en juegos

Tercera parte:
Deje de querer tener razón

La mayor barrera que existe para resolver las diferencias que tenemos con los demás es nuestra necesidad de tener siempre la razón. Con el paso de los años he aprendido que se sobreestima esta necesidad. No estoy sugiriendo que estar equivocado sea muy divertido, pero tener la razón no es tan bueno como lo pintan. Además, si nos centramos en ello, es muy probable que no engendremos una vida de risa y juego. Tener la razón es algo serio y muchos no sabemos cómo dejar de quererlo, incluso cuando de ello depende nuestra felicidad. Nos quedamos con la satisfacción vacía de tener la razón y haber arruinado una tarde (o una buena relación).

El problema consiste en que la mayoría piensa que nuestras interacciones con los demás son un juego que suma cero: si uno gana, el otro pierde. Si uno tiene la razón, entonces el otro tiene que estar equivocado. Por eso defendemos nuestra posición con tenacidad (porque estar equivocados nos sienta muy mal, es humillante, amenazador para nuestra autoestima).

Hace varios años observé un ejemplo increíble en el que se aplicaba lo que acabo de mencionar. Salí con una amiga para celebrar su cuadragésimo cumpleaños e invitamos a otra pareja. Elegimos un restaurante bastante fino especializado en pasta exótica. Primero pedimos una botella de vino y después los platos.

En el momento en que llegó la comida las cosas empezaron a ponerse feas. Mi plato llegó acompañado de un largo cabello rubio (que yo no había pedido) fuertemente entrelazado con mis espaguetis. Muy educado, informé a nuestro camarero de que había un pelo en mi plato. Se lo llevó a la cocina y me trajo el siguiente. (¿Se ha preguntado alguna vez por qué tardan veinte minutos en preparar el primer plato y sólo dos minutos en el segundo?) De todas formas, mi segundo plato llegó sin rastros de Farmatint y todo estaba en orden, al menos durante unos minutos. Mi amiga ya se había comido gran parte de su plato cuando vio un champiñón que estaba cocinado literalmente con el mantillo en el que había crecido. Se trataba de un champiñón recubierto de estiércol, ¡y encima en su cumpleaños!

Mi amiga hizo exactamente lo que haría cualquier comensal razonable. Llamó al camarero y le dijo:

–¿Quiere llevarle esto al cocinero y preguntarle si *él* se lo comería?

El camarero dijo:

–Sí, señora.

Entonces recogió su plato y desapareció en la cocina.

No tengo que decirle qué esperábamos de esta situación, ¿verdad? Que el camarero volviera, acompañado quizás por el jefe, y los dos se deshicieran en disculpas. Entonces nos darían un plato recién hecho de pasta sin pelos, sin estiércol y sin pagar y le dirían a la chica que cumplía años que la invitaba la casa.

Nada de eso. El camarero volvió, dejó el mismo plato de pasta con el mismo champiñón engalanado con la misma porquería delante de mi amiga y dijo:

–Sí, el cocinero ha dicho que sí se lo comería. Sin ningún problema.

Los cuatro respondimos con unos segundos de silencio, aturdidos. Sin embargo mi amiga Joan tomó el control de la situación.

–¡Espere un momento! –dijo–. ¡A esta señora le han servido un champiñón envuelto en el mismo estiércol con el que lo han abonado! ¡Me parece increíble que todavía tenga el descaro de volver a traerlo aquí!

En ese momento estábamos empezando a provocar un pequeño alboroto y el jefe de sala se acercó y preguntó si ocurría algo. Ella le dijo:

–¡A esta señora le han servido un champiñón que aún está en medio del fertilizante en el que ha crecido!, ¡no sólo una sino dos veces! Ahora es cuando vienen las disculpas, ¿no? Pues vuelve a equivocarse.

El jefe, muy educadamente, dijo:

—Eso es imposible.

Después procedió a dar cuenta con detalle del gran sistema de limpieza de champiñones del restaurante, un proceso de esterilización múltiple que haría sonrojar a Louis Pasteur.

En ese momento decidí que yo, que en cierto modo era una persona hábil en el arte de la lógica, debía entrar en la discusión.

—Discúlpeme sólo un momento. ¿Sus cocineros y los demás ayudantes de cocina llevan redecillas en el pelo? —pregunté inocentemente para prepararlo para mi siguiente hábil movimiento lógico.

—Por supuesto que sí —contestó con arrogancia.

—Pues entonces parece que incluso los mejores sistemas a veces fallan —le informé triunfante.

Y procedí a explicarle que un tallarín rubio se había alojado en mi primer plato de espaguetis.

Rechazó los esfuerzos que hice para argumentar una analogía con un seco «No es lo mismo».

Mirando hacia atrás me doy cuenta de que jugué un papel importante en ese momento al intensificar nuestro desastre de cena con aquel comentario que hirió su autoestima. Yo sólo dije:

—Ah, ¿de veras? Gracias, está despedido.

Entonces Joan aplicó lo que ella pensó que sería el toque de gracia. Agarró su servilleta, alargó su mano sobre la mesa y dijo mientras guardaba el champiñón en cuestión en una servilleta:

—Nos quedamos esto. Voy a enviar este champiñón a un amigo de Texas A&M —le dijo al asustado jefe de sala—. Me lo analizará y enviará los resultados al departamento de salud. ¡Veremos si aprueban que dé de comer mierda a la gente el día de su cumpleaños!

El jefe parecía horrorizado y gritó:

—¡Ha contaminado el especimen con la servilleta!

Tom, el marido de Joan, dijo en voz alta:

—Ya es suficiente. Vamos a pagar la cuenta y a irnos de aquí.

El jefe respondió:

—¡Oh no, ya me hago yo cargo de la cuenta!

Así que discutimos por eso durante unos minutos. Al final accedimos a que se encargara de la cuenta y nos levantamos para marcharnos del restaurante, discutiendo todavía sobre el especimen que Joan había metido en su bolso. Para nosotros era tremendamente embarazoso que ese hombre nos escoltara hacia la salida del restaurante discutiendo sobre el champiñón. Cuando llegamos a la puerta, Joan lanzó su gancho final al ego del jefe:

—Mire, señor, lo sé todo acerca del cultivo de los champiñones, y este champiñón tiene mierda alrededor.

Créalo o no. Ni se inmutó. De hecho nos siguió cuando salimos del restaurante y empezó a caminar por la calle con nosotros, continuando la discusión. En absoluto estaba desanimado. Joan lanzó lo que ella pensaba que sería el último golpe final. Fue una frase incontestable. De ninguna manera él iba a superar. Lo miró directamente a los ojos y le dijo:

—Mire, señor, usted no me puede decir nada sobre champiñones que yo no sepa ya. ¡He trabajado en su cultivo!

Lo que siguió a continuación es quizás el mejor caso que he oído en mi vida de no ser capaz de dejar de querer tener la razón. El jefe del restaurante no iba a permitir que Joan supiera más de champiñones que él. Tartamudeó, balbuceó y al final soltó:

—Pues... pues... pues, *¡yo soy un champiñón!*

—¿Qué? —le dije—. ¿Usted *es* un champiñón?

Yo me partía de risa. De no haber numerosos testigos, no hubiera dado crédito a lo que acababa de oír.

Al principio me reía de él. Después me reí de todos nosotros. Ninguno había querido dejar de tener la razón. Ninguno había querido dejar de tenerla a cambio de resolver la disputa.

La conducta del jefe de sala, por supuesto, es un ejemplo extremo y escandaloso de algo que muchos hacemos siempre de manera más sutil. Siempre queremos tener «la razón». Fingimos ser lo que no somos. Sufrimos de falsa soberbia. Tenemos dificultades para reconocer nuestras limitaciones, nuestra falta de conocimientos y nuestros defectos. La consecuencia más trágica es que esta actitud nos cuesta muy cara a largo plazo. Podríamos sufrir mucho menos, jugar mucho más y reírnos con mucha más facilidad con sólo dejar de querer tener la razón.

Hay una vieja historia judía sobre un rabino al que le piden que resuelva una disputa entre dos vecinos. El primer vecino expone el caso de forma apasionada y el rabino inmediatamente pronuncia su veredicto: «¡Tienes la razón!»

–Pero rabino –protesta el segundo vecino–. ¡Ni siquiera ha escuchado una palabra de mi explicación de la historia!

Entonces procede a dar su versión de los hechos.

–Sí, ya veo –comenta el rabino–. Es evidente que también tú tienes la razón.

–Pero espera un momento, rabino –protesta un espectador escandalizado–. Los dos no pueden tener la razón.

–Sí –dice el rabino admitiendo sabiamente con la cabeza–. ¡Y tú también tienes la razón!

En el momento que rompemos la camisa de fuerza de una existencia de suma cero, empezamos a reducir el poder que el deseo de tener razón ejerce en nuestras vidas. Ya no sentimos un golpe en nuestra autoestima cada vez que alguien no está de acuerdo con nosotros. Podemos ver que el mundo está compuesto por puntos de vista diferentes, y sólo porque tengamos la razón los demás no tienen que estar necesariamente equivocados.

Uno de mis profesores, el maestro zen Thich Nhat Hanh, explica a sus alumnos que nos podríamos ayudar mucho a nosotros mismos si colocáramos en nuestra casa un letrero que pudiéramos ver con regularidad: ¿ESTÁS SEGURO? Cuando aceptemos la humildad de que una respuesta honesta para esta pregunta requiere una confesión, entonces será mucho más fácil dejar de querer tener la razón. A partir de ese momento podremos orientar nuestras energías hacia un objetivo mucho más productivo: resolver nuestras diferencias. Nuestras experiencias nos enseñarán muy rápido que es más enriquecedor formar parte de una relación de éxito que aferrarse a no reconocer una equivocación.

32

Aprenda a reírse de usted mismo

Si puede soportarlo, piense durante un instante en cómo era su vida en el colegio o en la escuela secundaria. Mientras unos pocos tenían que hacer frente a problemas serios, a la mayor parte nos angustiaban cosas como las citas con las chicas, la manera de disimular las espinillas o la ropa que nos poníamos. Cuando se contempla desde la perspectiva de los diez años transcurridos es probable que usted diga: «¡No puedo creer toda la agonía psíquica que me creaba con todas esas dudas insignificantes! ¿Pero en qué estaría pensando?»

Sin embargo, esos problemas no parecían totalmente insignificantes cuando nos estaban sucediendo. Ahora piense por un momento en todas las dificultades realmente importantes a las que se enfrenta en este preciso instante. Dentro de diez años es probable que mire hacia atrás para contemplar su vida de hoy y diga: «¡No puedo creer la cantidad de energía psíquica que desperdiciaba en esos problemas tan sencillos!» (Eso, claro está, si dentro de diez años usted es capaz de recordar todavía todas esas cosas que un día fueron rompecabeza para usted.)

Lo cierto es que siempre intentamos hacer las cosas del mejor modo posible, a la vez que constantemente nos convertimos en personas más fuertes, sabias y poderosas. No importa lo serios que puedan parecer los problemas a los que se enfrente en un momento determinado, tomarse demasiado en serio *a usted mismo* nunca le proporcionará ningún beneficio. Cada mañana, lo mejor que puede hacer después de despertarse es recordar lo cómica que resulta la condición humana. Piense que aunque tenga la mejor de las predisposiciones, existe una probabilidad considerable de que, de forma intencionada, ese día actúe como un tonto. Después regálese uno de los placeres más grandes y liberadores del mundo: una gran carcajada a su costa.

Cuando estamos con un amigo y nos reímos de una historia que explica sobre él mismo, nuestro corazón se abre a él. Nos sentimos como verdaderos seres humanos unidos; la risa compartida que nos produce la experiencia humana nos une. Pero, ¿por qué deberíamos tratarnos a nosotros mismos de una manera menos cariñosa de la que tratamos a nuestros amigos? ¿Por qué no compartimos una risa a nuestra costa con nosotros mismos? Una persona abre su corazón hacia su interior cuando aprende a tomarse a sí misma menos seriamente. Cuando usted se toma con la máxima seriedad, cuando se siente completamente lleno de su propia importancia, es cuando puede estar seguro de que el batacazo cósmico le está acechando muy de cerca.

Es muy difícil que se ría de sí mismo si se ha convertido en una persona inchada por su propia importancia. Y pensar que es de algún modo especial por lo mucho que sabe o por los logros que ha conseguido es una manera segura de incharse. Hace mucho tiempo aprendí que si quería adquirir el hábito de leer los recortes de prensa que se publicaran sobre mí, primero tendría que desarrollar un cierto sentido del humor con el que verme a mí mismo. En una ocasión me invitaron a pronunciar un discurso durante una conferencia nacional cubierta por todos los grandes medios de comunicación, y yo creía que iba a ser el primer gran éxito de mi carrera profesional. Me emocioné tremendamente tras ver que la revista *People* publicaba mi foto y me llamaba «el Maestro de la diversión». Ese mismo día, un poco más tarde, me encontré con un viejo amigo. Me dijo: «¡Eh, acabo de leer sobre ti en la revista *Time!*»

Pensando que se refería a la revista *People*, le dije: «Sí, ¿no es fantástico?»

«¿Lo es?», preguntó él con tono dubitativo mientras sacaba de su maleta un ejemplar de *Time* y lo deslizaba a través de la mesa hacia mí. El artículo de *Time* no incluía ninguna foto mía. De hecho, el periodista sólo había necesitado nueve líneas para dejar por el suelo toda mi presentación. «Los actos del día comenzaron con el discurso de un charlatán bajito y dicharachero», escribió él. Muy bien, ¡cancelen mi suscripción!

Cada vez que comienzo a pensar que soy una persona inteligente y sabia, invariablemente la vida me agarra por la solapa y me dice: «¡Escucha bien, estúpido!» Cuando soy muy afortunado, la vida es bastante sutil y simplemente me da un suave codazo. Esto sucede bastante a menudo, cada vez que estoy en el ojo público y empiezo a pensar que toda esa atención significa realmente algo sobre quién soy. Sucedió por última vez cuando comencé a caminar para abandonar el escenario, después de pronunciar un discurso ante un grupo de 250 personas que se encontraban en un almuerzo.

En cuanto terminé mi discurso el público se levantó de un salto, ¡y me dio una atronadora ovación! Yo estaba muy agradecido, desde luego, pero en el mismo instante en que mis pensamientos empezaban a girar en torno a mi inteligencia y a mis grandes dotes para la oratoria, miré hacia abajo y me di cuenta de que mi zapato izquierdo era diferente de mi zapato derecho.

Uno era marrón, el otro negro. En la oscuridad de la madrugada, en un intento por vestirme sin tener que encender la luz y despertar a mi mujer, era evidente que los había tomado por un par de zapatos normales. Sin embargo, a la luz del día, estaba claro que desgraciadamente me había equivocado.

Pensé en contar al público el viejo chiste de: «Tengo otro par como éste en casa». Pero en aquel momento ya daba igual. Durante la hora de mi conferencia, había salido de detrás del estrado de forma intencionada, creyendo que así podría crear una mejor conexión con el público. Sin embargo cada vez que había estado caminando ceremoniosamente ante el público lo único que había conseguido era proporcionarles un desfile de moda continuo enseñándoles como se viste por las mañanas un auténtico bobo.

Incluso cuando estaba inmerso en la gloria de la ovación del público puesto en pie, la vida me estaba susurrando en el oído: «¡Despierta, tío importante!» Hay que admitir que resulta bastante difícil tomarse a uno mismo en serio cuando no se es capaz de llevar los dos zapatos del mismo par. ¡Hasta llegué a pensar que el público se había levantado de sus asientos para tener una mejor visión de mis pies! Cuando se empiezan a tener pensamientos como ése, reírse de uno mismo se convierte en algo muy sencillo.

Desde luego, como profesor estoy en el ojo público casi cada día, siempre que estoy de pie en una de mis clases. Ser profesor constituye un excelente entrenamiento para aprender a reírse de usted mismo. Cuando uno entra en el papel, con estudiantes ansiosos escuchando todas y cada una de sus palabras, resulta bastante sencillo comenzar a pensar que realmente se es inteligente. Pero tanto en su vida laboral como en cualquier otra situación, cuando comience a pensar eso estará solamente a un paso de distancia de tomarse a usted mismo demasiado en serio. Descubrí la verdad de este principio hace unos cuantos años cuando tuve la suerte de enseñar filosofía a un grupo de estudiantes norteamericanos en Atenas.

Los norteamericanos que viajan al extranjero parecen esperar que todo el mundo hable inglés. Así que, en un intento por ser un buen modelo de comportamiento para mis alumnos, me marqué el objetivo de aprender diez palabras en griego cada día. Cada mañana buscaba varias palabras usuales en este idioma y practicaba con su pronunciación, y después intentaba utilizarlas en las conversaciones con nuestro conductor de autobús, con los tenderos, los camareros y los guías turísticos.

Daba la casualidad que de los veinticinco estudiantes de esta clase, veintidós eran mujeres. Por lo tanto, no era extraño que yo acabara saliendo a cenar después de las clases con siete u ocho mujeres jóvenes. En una de aquellas ocasiones mi determinación de utilizar el griego resultó ser mi perdición. A menudo tomo pimienta con mis comidas, pero raramente tomo sal. Parecía que los restaurantes de Atenas siempre ponían sal en la mesa, pero nunca pimienta. Por eso ese día había aprendido la palabra «pimienta» en griego.

Después de cenar sopa (SOO-pa), llegaron la ensalada (sa-LA-ta) y las judías verdes (fa-so-LA-kya) –durante ese viaje comimos mucha sopa, ensalada y judías verdes, puesto que yo sabía las palabras griegas para esos platos–, y yo decidí hacer alarde de mi extenso vocabulario. Le pedí al camarero que por favor me trajera un poco de pimienta: «Pee-PAR-ee-pa-ra-ka-LO», dije yo. El camarero pareció escandalizado, y me miró como si le hubiera abofeteado en la cara. Yo estaba seguro de que había dicho la palabra correcta, así que lo intenté de nuevo, cayendo en el famoso hábito de los norteamericanos que se encuentran en el extranjero de hablar más alto cuando no se nos entiende: «¡PEE-PAR-EE, PEE-PAR-EE, PA-RA-KA-LO!»

Esta vez el camarero dio dos pasos completos hacia atrás. Miró la mesa llena de mujeres jóvenes con un rostro que mostraba su incomodidad. Los clientes de las mesas de alrededor comenzaron a mirarme. Pero soy inteligente, ¿no es cierto? Soy un profesor universitario, ¿no es cierto? Así que no caí en el pánico. Simplemente alargué la mano y tomé el salero en un intento de utilizar formas complementarias de comunicación y una vez más grité: «Pee-PAR-ee, pee-PAR-ee, pa-ra-ka-lo». Una gran sonrisa de alivio y comprensión apareció en el rostro del camarero. Dijo: «Oh, ¡pee-PEAR-ee¡» y corrió a traer la pimienta. Yo pensé: «'Pee-PAR-ee' o 'pee-PEAR-ee', ¿dónde está la diferencia? ¿Qué problema tiene este tipo?»

El camarero volvió con la pimienta y después se quedó durante un buen rato cerca de la mesa, lanzándome miradas significativas, hasta que me di cuenta de que quería hablar conmigo en privado. Esperé a que todas las estudiantes estuvieran envueltas en conversaciones y entonces deslicé mi silla discretamente hacia él. El camarero se inclinó un poco y, en un inglés con mucho acento griego pero excelente, dijo con voz baja: «Señor, tiene que tener mucho cuidado cuando utilice el griego. Hace un momento ha dicho una palabra del argot griego. Lo que realmente ha dicho ha sido: '¡Tráigame un pene, por favor!'»

Demasiado para el elocuente e inteligente profesor que quiere ser un modelo de comportamiento para sus alumnos. Sólo pude imaginar lo que debieron pensar los clientes griegos del restaurante. Fue ese día cuando por fin me di cuenta realmente de que, sin importar lo inteligente que soy o que crea que soy, sigo resultando muy cómico.

En un análisis final todos nosotros resultamos muy cómicos, y, sin importar cuál sea la situación (en el trabajo, en casa, con nuestra familia o incluso solos), podemos acordarnos de reírnos de nosotros mismos. En ocasiones como ésta la vida nos susurra en el oído: «Eh, ¡eres ridículo!» Si simplemente abrimos los oídos y escuchamos a la vida, nos será muy difícil tomarnos demasiado en serio y muy fácil reírnos de nosotros.

33

Recuerde jugar bajo presión*

Una práctica muy criticada, a pesar de que haya proporcionado excelentes resultados a mucha gente, es la de utilizar afirmaciones. Una afirmación es una frase que usted repite una y otra vez con la intención de producir un resultado positivo en su vida. La idea es que la afirmación repetida penetra directamente en su subconsciente, que es la parte de su mente que puede ayudar a dar forma a su comportamiento, pero que su mente consciente no puede percibir ni controlar.

En momentos de estrés y de presión, a menudo hacemos lo opuesto a usar afirmaciones para producir resultados positivos: nos repetimos «negaciones» a nosotros mismos. ¿Se ha sorprendido alguna vez diciéndose a sí mismo cosas como: «¡Qué estúpido soy! ¿Cómo he podido hacer eso?» o decenas de otros comentarios igualmente negativos? Obviamente, en tiempos difíciles sería más útil repetir una afirmación que nos recordara que debemos tratar la vida como un juego.

Este enfoque parece suficientemente sencillo. Pero si en realidad lo fuera, todos llevaríamos vidas más optimistas, más divertidas y con menos estrés, porque todos hemos repetido ya, cientos de veces, la afirmación perfecta para aprender a reír y a jugar con la vida. El problema es que ni la parte consciente ni la parte inconsciente de nuestra mente han comprendido bien el verdadero significado de esta afirmación, de modo que hemos sido incapaces de desatar la fuerza necesaria para mejorar nuestras vidas.

Me estoy refiriendo a una afirmación que comienza así: «Rema, rema, que no se detenga tu barca». En mi país la conocemos y la hemos repetido cientos de veces desde que íbamos a la escuela, y aún así, si echa un vistazo

---

* Este capítulo trata sobre una canción inglesa.

a su alrededor verá que ha tenido muy poco impacto en la cultura norte-americana. La nuestra no es una cultura llena de risa y juego. Pero eso puede cambiar; la fuerza viene del conocimiento. Analicemos esta afirmación línea por línea.

Rema, rema, que no se detenga tu barca. Estas palabras nos dicen que en la vida la felicidad no se nos ofrece en bandeja: debemos ser participantes activos en su creación. Cada uno de nosotros tiene su propia tarea en el mundo. Y haciendo esa tarea, cualquiera que sea, podemos encontrar satisfacción, sentido, placer y alegría.

Dondequiera que esté en este momento, la felicidad está a su alcance, si tan sólo hace lo que requiere su particular situación en la vida. Por ejemplo, cuando se encuentra en una barca, debería remar. Y usted no sólo rema una vez: necesita ser persistente. Reme y reme en su barca, una y otra vez.

No importa que su trabajo requiera que repita el mismo movimiento o la misma actividad una y otra vez; no se trata de un caso de «ya he hecho esto miles de veces», porque nunca ha experimentado ese preciso momento antes. Ha hecho algo muy parecido, seguro, hace un momento, pero no ha hecho *eso* todavía. Preste atención a ese instante único. ¿Qué lo hace diferente del momento inmediatamente anterior? ¿Qué lo hace único? ¿Cómo puede hacer que le resulte siempre estimulante?

Si puede prestar la suficiente atención al momento presente, entonces nada le resultará aburrido, ni repetitivo, ni se le hará rutinario. Todo es estimulante y nuevo, cada instante nos puede dar alegría: el tercer golpe de remo puede ser tan especial como el primero. Son precisamente estos simples placeres cotidianos los que definen nuestras vidas y trabajos y nos proporcionan nuestros minutos diarios de alegría.

Siga la corriente plácidamente. Este verso nos recuerda que podemos vivir nuestras vidas apaciblemente, sin resistencia o trastorno, disfrutando de los placeres y lecciones que se encuentran en cada recodo del riachuelo. Todo lo que necesitamos hacer es acordarnos de dirigir la barca en la misma dirección en la que ya está moviéndose. Desde luego a veces, cuando estemos remando, tendremos que movilizar nuestra energía, emplear nuestra voluntad, superar las piedras que encontremos en nuestro camino. Pero incluso en estos tiempos difíciles, nuestras vidas laborales no han de ser una lucha constante; al contrario, pueden estar llenas de paz y objetivos, con una visión clara del lugar al que nos dirigimos.

Cuando empezamos a sentir que deberíamos estar en un lugar diferente al que ocupamos, que las cosas no se mueven lo bastante rápido en nuestras carreras profesionales, que hay más cosas que necesitamos hacer, entonces creamos trastornos en nuestras vidas. Empezamos a remar como locos corriente arriba, dejando una estela de preocupación, confusión e insatisfacción, salpicando a todos los que nos rodean y creando dificultades a diestro y siniestro.

En el momento en que empecemos a aceptar que estamos exactamente en el lugar donde tenemos que estar, que no hay necesidad de asustarse, que el cambio llegará a su debido momento, y que hay una plétora de amor, alegría, desafío y satisfacción esperándonos a cada momento, aquí mismo, ahora mismo, entonces podremos de verdad seguir la corriente plácidamente.

Con alegría, con alegría, con alegría. Bien, esto lo dice casi todo: tómese tiempo para pararse y celebrar la alegría cotidiana de estar vivo. Y no la celebre sólo una vez: hágalo una y otra. Aproveche todas las oportunidades posibles para alegrarse en su vida. Mientras escribo estas palabras, al salir los primeros rayos de sol de la mañana tras una noche helada sin parar de tiritar bajo las mantas en un refugio rústico, miro alrededor y me pregunto: ¿hay verdaderamente algo de lo que alegrarse en este horrible y frío momento? Y, por supuesto, lo hay. Las montañas nevadas sobresalen espectacularmente desde más allá de las nubes cubriendo las colinas cercanas. Oigo el sonido del fuego calentando el radiador de agua caliente para nuestras duchas matutinas. Y hay un gato pequeño, gris y flacucho, acurrucándose cerca de mí, intentando mantenerse caliente.

Entonces, de repente, está el gran placer de la compañía mientras mis amigos excursionistas se mueven pesadamente con cara de sueño y se me unen delante del fuego. Uno a uno van expresando el mismo lamento sobre las heladas condiciones en las que han dormido esa noche. Cada uno intenta superar a los demás en la descripción de su sufrimiento.

Siento que no están de humor para oír mis profundos pensamientos sobre «con alegría, con alegría, con alegría», así que en vez de eso, me uno a la conversación y comparto mi propia experiencia sobre la vida congelada. A todos se nos dibuja una leve sonrisa, una mirada que dice: «¿Verdad que es horrible? Pero al menos estamos en esto juntos». Por fuera, estamos temblando y quejándonos, pero por dentro, sospecho que en realidad nos sentimos muy felices de estar reunidos.

La vida es sueño. Fíjese que el verso no dice: «La vida es una pesadilla». Una pesadilla es lo que siente uno en su vida cuando continuamente rema corriente arriba, cuando se centra en los problemas en vez de en las oportunidades, cuando insiste en estar en un sitio diferente de aquél en el que se encuentra en realidad.

Pero si realiza su trabajo, si sigue la corriente, si se detiene y celebra sus éxitos a lo largo del camino, entonces su vida puede ser realmente un sueño. ¿Y cuáles son las características de un sueño? Una sensación de fuerza, de conexión con todas las cosas, de alegría y liberación. Usted no está limitado por las restricciones convencionales de tiempo y espacio: puede volar por el aire, puede hablar con los muertos. Puede hacer todo lo que quiera hacer con su existencia.

Cuando de adulto vuelva a cantar «Rema, rema, que no se detenga tu barca» para sí mismo, verá que la melodía es bastante pegadiza, y puede que le cueste quitársela de la cabeza. Eso está bien, porque una vez que haya comprendido su verdadero significado, verá que puede ser muy tranquilizante repetirlo.

Por ejemplo, la próxima vez que pare en un semáforo en rojo, empiece a cantar la canción suavemente en voz baja. Dése cuenta de la presión a la que se somete cuando conduce, presión de la que puede que ni siquiera sea consciente. Dése cuenta de la tensión que hay en su cuerpo mientras está sentado al volante. Dése cuenta de su impaciencia al tener que esperar al semáforo, y de la ansiedad que siente al parar ante él porque puede hacerle llegar tarde a su compromiso.

Recuérdese a sí mismo que está bien estar parado en un semáforo en rojo, que es un lugar tan bueno como cualquier otro en el que estar ahora mismo. Aunque desearía estar acelerando en dirección a su destino final, si medita un poco sobre ese sentimiento, podría cambiar de opinión. El maestro zen Thich Nhat Hanh me señaló que el destino final de todos nosotros es el cementerio. Así que quizás no debiéramos tener tanta prisa por llegar al siguiente lugar sin vivir plenamente el momento en el que estamos ahora mismo. Incluso el momento que pasa esperando con el semáforo en rojo puede ser maravilloso. Puede ser un momento de relajación, un tiempo para que practique estar en el instante presente. De hecho puede empezar a esperar en los semáforos en rojo con interés, ya que le proporcionan tiempo para ordenar sus ideas, centrarse, recordarse a sí mismo jugar bajo presión.

Dése cuenta de lo diferente que se siente dentro de su cuerpo, de que ahora está mucho más relajado y tranquilo. Y entonces, cuando finalmente la luz se ponga verde, puede seguir adelante con seguridad, sabiendo seguro que ahora

> *Sigue la corriente plácidamente,*
> *Con alegría, con alegría, con alegría,*
> *La vida es sueño.*

34

No luche, baile

Después de un fantástico día de picnic, mi amiga Lou Ann y yo volvíamos a casa en su coche cuando éste se averió. Estábamos a unas cinco manzanas de su apartamento, y yo me había mudado a Dallas la semana anterior y todavía no conocía bien la ciudad. Comencé a sentir pánico. En mi cabeza empezaron a dar vueltas pensamientos a gran velocidad: *«No sé a quien llamar. ¿Hay algún mecánico de confianza por aquí cerca? ¿Habrá algún taller decente cerca? ¿Será válida mi póliza del seguro incluso en este estado?»*

Lou Ann vio la expresión de mi rostro y me dijo: «No te preocupes por eso, yo me encargaré mañana». Entonces me empujó fuera del coche, abrió el maletero y sacó un enorme radiocassette. Apretó un botón del aparato y comenzó a sonar a un volumen atronador una vieja canción de Teddy Pendergrass: «¡GET UP, GET DOWN, GET FUNKY, GET LOOSE!» Y ella empezó a andar y a bailar en plena calle.

A mí no se me ocurrió una respuesta a una situación como aquélla. Me quedé con los pies clavados en la acera, lleno de asombro, mientras la distancia entre nosotros aumentaba rápidamente. La música me llamaba, y Lou Ann hacía gestos con las manos animándome a que la acompañara. Era obvio que ella no iba a volver atrás, y ciertamente no parecía preocupada por su coche. Así que, al final, mi única opción era irme bailando detrás suyo.

La posibilidad de bailar con los problemas de la vida siempre está presente en nosotros, solamente es necesario saber cómo escuchar la música. Todavía demasiado a menudo nos encontramos luchando contra las adversidades en lugar de bailar con ellas. Desde una cierta distancia, el baile y la lucha se parecen mucho; en ambos casos vemos a dos personas envolviéndose con los brazos y moviéndose en círculo. Pero, ciertamente, bailar con sus problemas y luchar contra ellos no es lo mismo. La diferencia evidente está en que cuando lucha contra un problema usted se resiste a él, se pelea con él e intenta imponer su manera de ver las cosas sobre el caos del mundo. Cuando baila con un problema, sin embargo, usted fluye con él, se mantiene abierto y receptivo a todas las posibles soluciones y busca una solución armoniosa. Y, lo que resulta bastante sorprendente, además intenta pasárselo bien en el proceso.

El Aikido, una de las artes marciales orientales, está basado en este principio filosófico sencillo pero profundo. En lugar de intentar vencer al oponente respondiendo a su agresión con la fuerza propia, se debe fluir con la agresión del oponente para resolver el conflicto. Es cierto que en ocasiones el oponente puede recibir algún daño físico, sin embargo, será su propia violencia la que se lo produzca. Al bailar con ese comportamiento agresivo en lugar de luchar con él, simplemente está reconduciendo su ataque de una forma que produzca resultados positivos para su persona.

Por fortuna, este enfoque del Aikido también está disponible para nosotros en las confrontaciones no físicas a las que tenemos que hacer frente de forma habitual (en el trabajo, en casa y en todas las demás áreas de nuestra vida). Por ejemplo, un día hace unos cuantos años entabló conversación conmigo una de mis vecinas, una persona a la que yo siempre había conocido solamente como «la mujer del vestido verde». Aunque era mi vecina desde hacía varios años, nunca había hablado con ella, ni siquiera sabía su nombre. En todas las ocasiones en que la había visto, excepto una, llevaba puesto el que me parecía ser el mismo vestido verde. (Un día la vi llevando un muy poco favorecedor vestido de color marrón. La razón de ese flirteo de corta vida con la diversidad en el vestuario sigue siendo hoy un misterio para mí.)

De hecho, a lo largo de los años yo había hecho diversos intentos por entablar relación con esta mujer. Cuando acababa de trasladarme al vecindario la saludaba con la mano cada día durante mis carreras matutinas, pero sin ningún resultado. Ella giraba la nariz y miraba en otra dirección. Nunca tuve ni la menor idea de lo que debía haber hecho yo para ofenderla, pero era obvio que no quería tener nada que ver conmigo. Entonces, un día, mientras estaba dando marcha atrás en mi coche desde la entrada, y después de más de seis años de silencio, ¿quién, sino la mujer del traje verde, iba a estar gritándome desde el otro lado de la calle? Cruzó la calzada a toda velocidad con grandes zancadas y llevando un bastón, el cual siempre supuse que le servía para defenderse de los perros rabiosos y los vecinos hostiles.

Detuve el coche y bajé la ventanilla, sorprendido y alucinado por el cambio en su comportamiento. Era evidente que aquella mujer estaba a punto de lanzarse sobre mí.

¡Y vaya si se lanzó! Antes de que hubiera llegado a mi coche comenzó a sermonearme sobre mi perro. Me dijo que removía su cubo de basura y que lo tiraba por todo el jardín. Me aconsejó que era mejor que tuviera a mi perro atado o si no llamaría a la perrera, y señaló con su dedo acusador al perro que en esos momentos estaba en el jardín principal con expresión de inocencia.

El hecho de que en ese momento yo no tuviera ningún perro disminuyó considerablemente mi sentimiento de culpa. El perro que ella estaba señalando era Alice, la dulce y vieja perra de mi vecina de al lado. Alice visitaba mi casa de forma esporádica para rebuscar en la basura y hacer caca en mi jardín, cosa que estaba haciendo bastante alegremente mientras la mujer del vestido verde proseguía con su diatriba. Varias veces intenté pronunciar una palabra en medio sin éxito. Ella no iba a escuchar ninguna de mis justificaciones; quería asegurarse de que yo recibía el mensaje de manera fuerte y clara.

Empezaba a estar muy enfadado. Sin embargo, justo antes de que yo comenzara a mi vez a gritarle y le dijera mis razones, me acordé de hacerme esta pregunta: «¿De verdad quiero empezar a luchar con esta mujer? ¿Cómo puedo fluir con ella en lugar de pelearme con ella?» Y en ese instante me di cuenta de cómo podía convertir la batalla en un baile. Sin pronunciar ningún sonido abrí la puerta del coche, salí de él y la miré fijamente. Le grité: «Sabe, tiene razón. *¡Matemos a ese perro!*», y entonces me puse a perseguir a la aturdida Alice por todo el jardín.

La mujer del vestido verde pareció más asustada por mi reacción de lo que yo lo había estado cuando se me había acercado cruzando la calle. Empezó a gritarme: «¡No! ¡No, espere! ¡No tenemos que llegar tan lejos! ¡No tenemos que matar al perro!» Debió pensar que estaba completamente loco, porque se alejó de mí rápidamente y se apartó al otro lado de la calle. Que yo sepa, nunca más ha vuelto a cruzar esa frontera.

Cada vez que me enfrento a situaciones difíciles y resisto mi impulso inicial de devolver el golpe, de ser hostil o agresivo, todo va mejor para mí y para los que me rodean. Si me tomo un instante para relajarme y pensar en la manera de bailar en lugar de luchar con la situación, entonces casi siempre recibo el premio de la solución que en último término es más creativa, más pacífica, menos estresante y mucho más productiva.

Es una pena que a veces tengan que existir barreras entre los seres humanos, sin embargo, es inevitable que de vez en cuando hagamos algunos enemigos. Todos nosotros entraremos en contacto con personas ariscas y malhumoradas. Es indudable que vamos a enfrentarnos a situaciones negativas y dificultades en nuestra vida personal y laboral. Con todo, incluso en esos momentos difíciles podemos encontrar maneras de ser divertidos y de ver esas situaciones como invitaciones al baile.

35

Aprenda la lección del agua

Una de las enseñanzas más difíciles que he tenido que aprender y que tengo que estar constantemente reaprendiendo, es la de cómo *relajarse*. Cada vez que alguien me pregunta cómo pueden aprender a vivir más relajados, les suelo sugerir que se tomen un par de horas y se sienten junto a un arroyo o un río e intenten aprender la lección del agua. Usted debería intentarlo también si tiene dificultades para relajarse. El agua no lucha, simplemente fluye. Cuando se enfrenta a algún obstáculo, como una piedra, el agua no se altera ni se pone agresiva, simplemente se relaja y fluye alrededor de la roca. Si se quedara allí el tiempo suficiente, descubriría que al final el agua sigue su camino y acaba desgastando la roca.

Los filósofos orientales tienen el siguiente dicho: «No se puede atrapar en un cubo el agua que corre». La idea, claro está, consiste en que una vez haya capturado el líquido en el cubo, usted tendrá agua quieta. Si quiere tener agua que corre, debe tener la fuerza de voluntad para dejarla ir. Para muchos de nosotros, ésta es una de las lecciones más difíciles de la vida, es decir, que en ocasiones, para conseguir algo que queremos, debemos tener la fuerza de voluntad para dejarlo ir.

Cuando yo era niño, mi madre entraba en mi habitación y me decía: «¡Ya está bien! ¡Tienes que intentar dormir!» ¿Alguna vez ha tenido éxito *intentando* dormir? Imposible. En lugar de eso, tiene que sentir el deseo de fluir como el agua, abandonar todos los intentos y entonces el sueño le llevará. Al utilizar el agua como metáfora de la vida comenzamos a desarrollar una actitud a la que yo llamo relajación natural. El agua trata a las cosas relajadamente de una forma bastante natural. Cuando desarrollamos esta actitud creamos una vida relajada para nosotros, y además ayudamos a los demás a relajarse también.

Desde luego, del mismo modo que existen momentos en los que dejarse ir, existen momentos en los que aguantar. En mi opinión, la sabiduría consiste en saber qué acción es la adecuada para cada situación concreta.

La experiencia me ha enseñado que cuando me enfrento a la negatividad, la hostilidad, la ira y la agresión, definitivamente es el momento de dejarse ir. Es el momento de fluir como lo hace el agua. Eso no quiere decir que yo sugiera que cada vez que nos enfrentemos a la hostilidad o a la agresión por parte de otras personas lo único que tengamos que hacer sea dejarnos llevar por la corriente, dejar que nos avasallen o actuar como cobardes. Simplemente estoy diciendo que podemos relajarnos y tomarnos la vida de una forma menos seria si dejamos de pelear tanto y permitimos que nuestro primer pensamiento esté influido por la lección del agua. Durante nuestra vida, en muchas ocasiones podríamos obtener resultados más positivos, divertidos y relajantes si en primer lugar nos hiciéramos esta pregunta: «¿Qué haría el agua en esta situación?»

Usted debe pensar que cada vez que se enfrente a un obstáculo en el trabajo o a otra situación crítica no va a tener el tiempo, la disponibilidad o los recursos para poder sentarse tranquilamente junto a un río. Como escribió en una ocasión el filósofo Ortega y Gasset: «Nos disparan la vida a quemarropa». A muchos no sólo nos parece que la vida se nos dispara a quemarropa, sino que además proviene de un arma de fuego automática de gran velocidad. La mayor parte de nuestros problemas no se van a tomar un descanso mientras nos sentamos junto a un río para idear una solución. Cuando esté fuera de nuestro alcance un paseo junto al río, al menos podemos dar un paseo por la oficina, abrir el frigorífico y contemplar una botella de agua. Podemos beber unos pequeños tragos y hacernos esta pregunta: «¿Qué haría el agua?»

Recuerdo haberme hecho esta pregunta cuando me di cuenta de que mi hija no podría entrar en el primer curso porque cumplía años demasiado tarde. El cumpleaños de Rachel es en noviembre, y las escuelas de Texas exigen que un niño haya cumplido los seis años antes del 1 de septiembre si quiere comenzar el primer curso durante ese año. Tenía muchos amigos en el mundo de la enseñanza que me aseguraron que Rachel era más madura que los niños de su edad (ya sabía leer, escribir y tenía un vocabulario mucho más amplio), y yo estaba convencido de que era el momento adecuado para que ella empezara el primer curso. Mis amigos que trabajaban en la escuela pública también me habían convencido de que no existía ninguna manera de que pudiera sortear todo el papeleo y la burocracia que impedían que Rachel fuera admitida en el primer curso como caso excepcional. Así que me dije que mi única esperanza de éxito era actuar como el agua y fluir alrededor del sistema.

No tuve que pensar durante mucho tiempo para llegar a la conclusión de que si no podía cambiar el sistema de escolarización entonces iba a tener que cambiar el cumpleaños de Rachel. Como estábamos en julio me costó muy poco convencer a Rachel de lo genial que sería pasar su cumpleaños del diez de noviembre al diez de agosto. Así que el único problema verdadero estaba en encontrar una forma de retocar su partida de nacimiento para que reflejara la sabia decisión de padre e hija. Después de estudiar cuidadosamente su partida de nacimiento en el condado de Dallas, decidí a mi pesar que la falsificación era imposible. La única solución era que Rachel hubiera nacido en otro condado. Para asegurarme completamente decidí que sería incluso mejor que hubiera nacido en otro estado. Después se me ocurrió que tenía que elegir un estado en el que fuera posible que hubiera nacido en casa, sin asistencia médica, lo que explicaría el hecho de que no tuviera una partida de nacimiento.

El resto fue fácil. Escribí una carta al ayuntamiento de Montgomery, Alabama, en la que explicaba que mi hija había nacido el diez de agosto de 1973 en un rincón remoto del condado de Montgomery, junto al río Coosa. Continué explicando que nació en casa, asistida por una comadrona y que me había sido imposible registrar su nacimiento en su debido momento. Al cabo de un mes estaba en posesión de una partida de nacimiento oficial para mi hija, lo que le permitió comenzar el primer curso en Dallas. Desde entonces siempre le ha ido bastante bien en la escuela.

Como cualquier padre podrá adivinar, cuando llegó octubre no tuve ningún problema para convencer a mi hija de que cambiar su cumpleaños a agosto no había sido tan buena idea después de todo. Decidimos que, aunque no había necesidad de comunicarlo a la dirección de la escuela, sería realmente genial volver a cambiar su cumpleaños de nuevo a noviembre; además ella podría tener dos fiestas de cumpleaños ese año.

Cuando aprendemos a relajarnos a pesar de nuestros problemas y a fluir como el agua, a menudo descubrimos que se puede llegar a la solución sin esfuerzo alguno. Es probable que los antiguos filósofos chinos no estuvieran pensando en trasladar el cumpleaños de Rachel cuando sugirieron por primera vez que podíamos utilizar el agua como una metáfora de cómo debemos vivir nuestra vida cotidiana. De hecho, ahora que han pasado unos veinte años, puede ser que no se me ocurriera una cosa así. Como estudiante de ética vitalicio, estoy seguro de que Kant vería esto como una violación del imperativo categórico, y Hobbes lo encontraría reñido con el

Contrato social. Pero entonces Bentham y los utilitaristas con toda seguridad saltarían en mi defensa al reconocer que mi acto produjo el mayor beneficio para el mayor número de personas afectadas.

Así pues, ni tan sólo los grandes teóricos de la moral estarían completamente de acuerdo sobre la moralidad de mis acciones. Sin embargo, dudo que en algún momento los funcionarios del condado de Montgomery encontraran mi acción divertida y ajustada a la ley. Cuando se trata de un caso como éste, quizás la pregunta más adecuada que deberíamos hacernos al enfrentarnos a obstáculos y dificultades no es sólo: «¿Cómo haría frente el agua a esta situación?», sino «¿Cómo haría frente el agua a esta situación... *legalmente?*»

36

Haga que sus malas experiencias sean benévolas

Hace unos años me sorprendió mucho saber que un colega, Gary Verett, y yo compartíamos un objetivo en la vida: vivir una existencia sin preocupaciones, problemas ni malas experiencias. Durante los más de quince años en que Gary y yo fuimos compañeros no puedo recordar ni una ocasión en la que estuviéramos de acuerdo sobre algo. De hecho, a menudo pienso que quien quiera saber qué tipo de persona soy podría simplemente conocerlo a él y después imaginar su opuesto.

El siguiente ejemplo puede darle una idea de nuestras diferencias. Gary es profesor de psicología. Cuando quiere demostrar los rasgos de la personalidad anal-compulsiva, lleva a todos los alumnos de excursión a su consulta privada. Allí lo encuentran todo perfectamente planificado y colocado, hasta el último pisapapeles. Por el contrario, mi consulta es el Triángulo de las Bermudas de las consultas. A lo largo de los años, infinidad de cosas han entrado en ella y nunca jamás han vuelto a ser vistas o se ha vuelto a saber nada.

Me quedé tan asombrado cuando escuché mencionar a Gary que su meta era vivir una vida libre de malas experiencias que lo llevé a un lado y le pedí que profundizara en el tema. Cuando le dije que yo también tenía ese objetivo, él se sorprendió. «¿Qué?», exclamó él. «¡Pero si tú vas por la vida buscando problemas! ¡Tu vida es una mala experiencia que espera ocurrir! ¡Por amor de Dios, tienes suerte si la mitad de las veces consigues ponerte los dos calcetines del mismo par!»

Sin darle mucha importancia, le respondí que no era nada fácil conseguir emparejar mis calcetines cada mañana, ya que parecía que uno de los dos se perdía cada vez que iba a la lavandería. Pero sólo porque uno de mis calcetines favoritos estuviera perdido temporalmente, eso no significaba que durante ese tiempo no pudiera ponerme el otro, ¿no es verdad? Pero Gary prosiguió sin inmutarse. Me explicó su método racional y ordenado para conseguir que los calcetines estuvieran en pareja. (De hecho, la siguiente vez que nos vimos él me regaló, muy generosamente, un paquete de emparejadores de calcetines, unos pequeños aros de plástico que se pueden utilizar para unir un par de calcetines sucios durante la colada. No es necesario que diga que nunca antes había oído hablar de emparejadores de calcetines; es uno de los regalos más asombrosos que nunca he recibido.)

De repente, en medio de la conversación tuve una profunda revelación. Aunque él y yo estábamos completamente de acuerdo sobre el objetivo de vivir una vida sin problemas, nuestros enfoques eran diametralmente opuestos. En esencia, yo pienso que Gary intenta organizar el mundo que le rodea de una manera que no le provoque ninguna mala experiencia. Por otro lado, yo intento organizarme para que el mundo que me rodea, con todas sus malas experiencias, no suponga ningún problema para mí.

Gary tiene un sistema para prácticamente todas las cosas de este mundo, y además otro sistema para que sirva de apoyo al primero. ¡Pone tanto empeño en intentar asegurarse de que el mundo no le obsequia con ninguna mala experiencia para la que no esté preparado que incluso tiene una segadora de repuesto! Si su primera línea de defensa contra las malas hierbas falla, siempre puede utilizar su segadora de reserva sin perder ni un instante de actividad útil.

No, no estoy sugiriendo que el enfoque de Gary sea necesariamente erróneo. Es cierto, es bueno estar preparado, sería maravilloso si pudiéramos arreglar el mundo para que no tuviéramos ninguna mala experiencia. Sin embargo, creo que no importa la cantidad de energía, creatividad, capacidad y tiempo que invirtamos intentando arreglar el mundo (y a todos sus habitantes, claro está) para eliminar las malas experiencias, ya que no lo conseguiremos. Vamos a tener que seguir haciendo frente a las crisis.

Sigmund Freud escribió en una ocasión: «La vida es un problema para cada persona». Creo que ésa es una de sus conclusiones con la que incluso sus más ardientes detractores deben de estar de acuerdo. El poeta Rainer Maria Rilke dijo prácticamente lo mismo de una forma mucho más poética: «La vida tiene tristeza constante para todos nosotros». No importa cuánto intentemos controlar los factores externos que afectan a nuestra existencia, ni cuántos sistemas de apoyo podamos tener disponibles: la vida nos obsequiará con peleas, problemas y penas. Hay ocasiones en que ella misma es una mala experiencia.

Si aceptamos que habrá veces en las que la vida nos obsequiará con malas experiencias, entonces nuestro reto será aprender a hacer que éstas sean lo más benévolas posible. Es decir, tenemos que utilizar la amabilidad, el placer, la generosidad, la risa, el juego, la diversión, la prosperidad y la buena voluntad para mitigar, en la medida en que podamos, nuestras malas experiencias. Podemos aceptar que la vida tiene tristeza constante, pero debemos rechazar la idea de que nosotros no tenemos la capacidad de cambiar ese estado de sufrimiento.

El concepto de «mala experiencia benévola» se me presentó por primera vez hace unos años, como consecuencia de una conversación que mi esposa mantuvo con nuestra buena amiga Marge Takai. Durante años yo siempre había dado la misma respuesta a mi esposa cuando me preguntaba qué regalo quería para mi cumpleaños: «Oh, nada. No quiero nada en especial». Sin embargo, ese año mi respuesta no fue la acostumbrada. Esa vez su pregunta anual obtuvo una respuesta inequívoca: «¡Quiero un cachorro de perdiguero!»

Después de todos esos años esperando una respuesta específica, mi esposa no estaba feliz con la que obtuvo. Para decirlo de forma delicada, no era muy entusiasta con la idea de un cachorro corriendo por toda la casa. Pero fue Marge la que encontró la solución para ella: «Dale una mala experiencia benévola y se olvidará de la idea de tener un cachorro».

–¿Una mala experiencia benévola?

–Sí –explicó Marge–. Simplemente prepárale algunos aros por los que saltar como requisito para conseguir el cachorro y, créeme, todo el asunto quedará olvidado en un instante. Pero que sea divertido para él; que pueda pasar un buen rato con ello aunque le suponga un problema.

Tras meditarlo profundamente dieron con la mala experiencia benévola adecuada. Mi mujer vino a casa y me dijo, con tono calmado, que el cachorro sería mío si podía conseguir que mil personas firmaran una petición a favor de él, la cual debería entregarle una semana antes de mi cumpleaños.

Años más tarde mi esposa dijo que se dio cuenta de que yo tenía un problema cuando fui a mi ordenador y escribí la siguiente petición:

Los abajo firmantes damos nuestro pleno apoyo a la idea de que el solicitante debería tener un cachorro de perdiguero como regalo de cumpleaños.

Puesto que él ha sufrido, como la mayoría de personas de su edad, numerosos infortunios en su vida, y que incluso así ha conseguido evitar caer en la amargura cósmica, y además nunca ha tenido un cachorro que pudiera considerar suyo,

creemos que su solicitud de un cachorro es razonable y justa.

En resumen, nosotros los abajo firmantes creemos que se merece un cachorro.

Hice varias copias de la petición y después fui a toda prisa a la puerta de la tienda de comestibles, donde a menudo había gente con peticiones. Como Marge había predicho, me lo estaba pasando bien. Yo decía a los compradores: «¿Firma mi petición?» Ellos normalmente decían: «¿De qué se trata?» Yo respondía: «Intento conseguir un cachorro». Su reacción habitual era leer la petición y reír. Muchas veces corrían a buscar a sus amigos para que firmaran también. Sin embargo, después de una hora sólo tenía cuarenta y una firmas.

Yo sabía que conseguir mil firmas iba a ser verdaderamente una mala experiencia, así que hice lo que haría cualquier hombre desesperado por un cachorro: envié por fax una copia de la petición a varios de mis amigos más íntimos y a dos de mis hijos, que estudiaban en la universidad, y les pedí ayuda. También tuve la oportunidad de dar dos conferencias ante grandes audiencias, y me llevé la petición conmigo. Mi público fue tremendamente entusiasta en su apoyo al proyecto. Y mis aliados por todo el país me informaron de éxitos similares. Mi hijo Kevin llegó a instalar un puesto de la Petición del Cachorro en la cafetería de su universidad. ¡La suerte estaba cambiando!

Un amigo, que me envió una petición con más de trescientas firmas, me dijo que le divertía mucho abordar por la calle a perfectos desconocidos y preguntarles si querrían firmar una petición para que un conocido pudiera tener un cachorro. «Claro», decían ellos. «¿Cuántos años tiene tu amiguito?» Me contó que la gente ponía caras muy extrañas cuando respondía: «Cuarenta y siete».

Recogí más de quinientas firmas en poco más de tres semanas. Cuando las peticiones firmadas comenzaron a llegar en gran número desde todo el país, hasta mi esposa se involucró en el juego. El día en que ella se llevó una de las peticiones al trabajo, supe que el cachorro sería mío.

Pero, sin embargo, fue aún más importante que lo que originalmente había sido un problema para mi esposa (y que ella había transformado en una mala experiencia benévola para mí), se convirtiera en una fuente de diversión no sólo para nosotros sino también para cientos de personas más. Cuando enfocamos una mala experiencia con una actitud de alegre amabilidad, diversión y juego, podemos convertir una situación potencialmente negativa en una experiencia maravillosa para todas las personas involucradas.

Es inevitable que la vida nos haga afrontar malas experiencias. Nuestra elección está en quedar atrapados en la negatividad de esas situaciones problemáticas o por el contrario recordar que en ocasiones incluso una mala experiencia puede ser benévola.

37

Sea feliz
cuando las cosas cambien

Dos mil personas miraban fijamente en mi dirección. Yo las miraba a ellas, pero ellas no me miraban a mí. Todavía no. Estaba esperando para dar una conferencia a los alumnos de primer año que acababan de llegar a la universidad Baylor y que estaban diseminados delante de mí en la pista de un gimnasio enorme. El decano de los estudiantes era el orador que intervenía antes de mí, y mientras seguía su discurso sobre la larga tradición de excelencias académicas de Baylor, yo ensayaba mi propio discurso. Me sumía cada vez más en un ensueño sobre lo que iba a decir cuando de repente el decano captó toda mi atención. Sin avisar, levantó su brazo, con su mano hizo la forma de una garra y la movió rápidamente de izquierda a derecha mientras gritaba bien alto «Aaaaahhhhhh...»

Un impulso eléctrico se apoderó de la sala. Al instante, los dos mil estudiantes respondieron del mismo modo, formaron garras con sus manos y un grito gutural llenó el gimnasio: «Aaaahhhhhh...»

El decano miró a la izquierda, miró a la derecha y, satisfecho al experimentar que la multitud respondiese a ese alarido febril, movió arriba y abajo su mano en forma de garra y gritó: «¡*Al ataque, Osos*!»

Todos a una, los estudiantes repitieron su llamada: «¡AL ATAQUE, OSOS!» y el gimnasio estalló en una celebración alegre y animada.

Asombrado, me giré hacia la persona que estaba sentada junto a mí y le pregunté:

–¿Por qué demonios ha hecho eso?

–Oh –contestó con brusquedad–, nuestro equipo de fútbol americano es el de los Osos de Baylor. Ése es nuestro grito de guerra. Lo cantamos en todos los partidos.

–Ah, bien, bien –asentí con complicidad.

Finalmente llegó mi turno. Cuando llevaba cinco minutos de mi discurso, uno de los estudiantes saltó de su sitio y espontáneamente empezó a gritar el gran «Aaaahhhhhh...» El resto del cuerpo estudiantil se unió inmediatamente. Como yo ya lo había visto antes, abandoné alegremente mi discurso y también me uní a ellos, formé una garra con la mano y canté «Aaaahhhhhh...» junto con la mayoría.

Esto continuó durante lo que me pareció un buen rato. Un rato muy largo. «De acuerdo», pensé para mí con impaciencia, «vamos a continuar». Pero los estudiantes parecían contentos de insistir con el gran «Aaaahhhhhh...» de forma interminable.

Finalmente caí en la cuenta de que los estudiantes estaban esperando que yo los dirigiera en la parte final de la pieza. Moví rápidamente mi mano en forma de garra hacia arriba y hacia abajo mientras dos mil voces se unían a la mía gritando «¡AL ATAQUE, OSOS!» y el lugar estallaba en un gran estruendo.

Era un sentimiento estimulante, como si todo el público estuviera comprometido en una experiencia de juego conjunto improvisado. Fue tan divertido que lo probé otra vez. Y otra vez. Y cada vez que introducía «¡AL ATAQUE, OSOS!» en mi discurso, el público estallaba en aplausos. Desde luego aquél no era el discurso que yo tenía planeado dar, pero al final fue uno de los más divertidos de mi vida. Gritar «¡AL ATAQUE, OSOS!» fue uno de esos placeres cuyo recuerdo traería una sonrisa a mi cara hasta mucho tiempo después.

En realidad, durante las siguientes semanas, cada vez que alguien me preguntaba «¿Qué tal?» yo siempre me ponía a contar mi aventura con los Osos de Baylor. Me encontraba explicando alegremente la historia a cualquiera que me escuchara. En una de esas ocasiones estaba almorzando con Stuart Brown, un experto en el juego con animales. Durante la comida, Stuart iba a compartir conmigo algunos resultados de su investigación, como me había prometido, y pronto enlazó mi historia con una suya sobre osos. Su historia me ayudó a comprender que el motivo de que la experiencia con los Osos de Baylor fuera tan importante para mí era porque era una historia sobre aprender a jugar con el cambio.

«El fin estaba muy próximo para Hudson, un perro esquimal canadiense», me contó Stuart. «Un oso polar de cuatrocientos kilos se movía pesadamente hacia el perro atado y otros cuarenta más, que eran las posesiones preciadas de Brian Ladoon, un cazador y trampero. Era mediados de noviembre de 1992. Todavía no se había formado hielo en la bahía de Hudson, al este de Churchill, Manitoba, y el mar abierto hacía que los osos no pudieran cazar sus presas favoritas: las focas. Así que este oso había estado prácticamente en ayuno durante cuatro meses. Estaba claro que unos de los perros iba a ser su comida».

«El oso se acercó. ¿Pero Hudson aulló de terror e intentó huir? Todo lo contrario. Meneó la cola, chilló eufórico y se inclinó ante el oso, a modo de invitación. El oso respondió con un lenguaje corporal entusiasta y gestos faciales amistosos, nada agresivos. Estas dos especies normalmente enfrentadas estaban hablando el mismo idioma: '¡Vamos a jugar!'»

«Enseguida se pusieron a jugar. Durante unos minutos el perro y el oso lucharon y dieron volteretas. Una vez el oso envolvió al perro por completo como si fuera una simpática nube blanca. Entonces el oso y el perro se abrazaron, abandonados por completo. Acalorado por las travesuras de su amigo más pequeño, el oso se rindió y pidió un descanso.»

«Cada tarde durante más de una semana el oso volvió para jugar con el perro. Al final se formó hielo y el oso partió hacia su hábitat de invierno.» Llegado este momento Stuart me mostró triunfante un artículo del *National Geographic* que él había escrito sobre el encuentro de ambos animales, acompañado de fotos del asombroso acontecimiento.

–¡Es increíble! –exclamé mientras miraba la colección de fotos–. Pero no lo entiendo. Si el oso tenía hambre, ¿por qué no se comió al perro? ¿Por qué querría jugar con él en vez de comérselo?

–¿Por qué juegan los osos? –contestó Stuart con una risa–. Ésa es una buena pregunta y es exactamente la misma que le hice a Bob Fagen, que lo sabe todo sobre este animal y su juego. Un día estábamos observando unos osos pardos que jugueteaban, y después de un poco de indecisión, sin dudarlo, Bob me dijo: «Porque les divierte».

«'No, Bob, quiero decir desde un punto de vista científico, ¿por qué juegan?'»

«'¿Que por qué juegan? ¿Por qué cantan los pájaros? ¿Por qué baila la gente? Por el placer estético de hacerlo'.»

«'Bob', dije yo, 'tú has estudiado una carrera en el Instituto de Tecnología de Massachusetts, tienes un doctorado en etología, y un profundo conocimiento de los osos. Estudias la evolución: has escrito el trabajo definitivo sobre cómo juegan los mamíferos y los pájaros; yo sé que tú tienes otras opiniones sobre el tema. ¿Por qué juegan los osos?'»

«Después de algo más de duda, finalmente respondió pensativo: 'En un mundo que continuamente presenta retos únicos y ambigüedad, el juego los prepara para un planeta que evoluciona'.»

En otras palabras, el acto del juego prepara a los osos a adaptarse al entorno, que cambia constantemente y al que todo ser vivo se enfrenta cada día; y de la misma forma que el juego puede preparar a los osos para una vida de cambio constante, puede también prepararnos a nosotros los humanos.

Durante el juego improvisado, experimentamos con un conjunto nuevo de habilidades que nos puede ayudar a hacer frente a los tiempos de cambio. Jugar es una forma de probar nuevas conductas, de añadir algo diferente a nuestro repertorio de respuestas. Cuando «jugamos» con un problema, lo enfocamos de una manera diferente, creativa, nos divertimos con él. Puesto que no nos lo tomamos en serio, no actuamos con rigidez, y por eso es más posible que descubramos soluciones nuevas y poco comunes. Miramos las cosas desde un nuevo punto de vista, como si las viéramos por primera vez. Nos damos permiso para experimentar, para abandonar nuestros modelos de conducta habituales.

Y así, cuando llegue el momento de actuar «en serio», no tenemos que hacer lo que siempre se ha venido haciendo: en su lugar podemos hacer lo que la situación requiera, lo que sea más adecuado. Podemos improvisar una solución creativa, igual que hacemos mientras jugamos de manera improvisada.

Uno de los cambios más estresantes que pueden suceder en la vida de cualquier persona es tener que cambiar el lugar de residencia o de trabajo. Nos encariñamos del espacio físico, y cuando estamos obligados a cambiarlo, a dejar nuestro hogar, a limpiar años de basura acumulada, nos ponemos nerviosos. Incluso aunque seamos nosotros los que iniciamos el cambio, aunque tengamos muchas ganas de mudarnos, puede resultar todavía una experiencia difícil.

Cuando la librería Gaia Bookstore de Berkeley, California, decidió expandirse al local contiguo, el personal decidió divertirse con el proceso de remodelación. Antes de repintarlo, invitaron a sus clientes a unirse a la plantilla en su trabajo. Tanto a empleados, clientes, e incluso al hombre de UPS que había venido a hacer una entrega, se les entregaron pinturas y brochas y también se les pidió que dejaran su huella en la pared. La gente escribió cartas y poemas, firmó con su nombre y pintó dibujos, sabiendo que ese estallido de expresión creativa pronto quedaría oculto bajo una capa de pintura.

Los empleados se dieron cuenta de que, como las paredes estaban a punto de ser derribadas y construidas de nuevo, tenían una oportunidad única de dejar un mensaje para las generaciones futuras en ellas. Como si se tratara de la obra de arte conceptual definitiva, prepararon una cápsula del tiempo para que fuera enterrada en las paredes del edificio remodelado. Dentro de la cápsula colocaron libros, bolígrafos, el calendario de las próximas actividades de la librería, dinero (para la buena suerte), muestras de los productos que vendía la tienda y notas escritas a mano. «Hizo que parte del estrés de la remodelación se convirtiera en un acontecimiento divertido que a todos nos hizo reflexionar», recuerda la propietaria del establecimiento, Patrice Wynne.

Hay un viejo dicho que dice «La única diferencia entre los vivos y los muertos es que los muertos hacen lo mismo todos los días». En ese sentido la gente que tiene miedo al cambio también quiere hacer lo mismo todos los días, y en ese sentido, también podrían estar muertos en sus vidas y en las oportunidades de jugar en el juego de la vida. Un mundo que cambia constantemente requiere respuestas que cambien constantemente, tanto en nuestra vida laboral como en la personal. Una actitud juguetona ante la vida nos puede ayudar a enfrentarnos a esos cambios, y a disfrutarlos realmente cuando sucedan.

Lo peor que puede decir un aficionado a los deportes sobre un partido es que ha sido aburrido.

–¿Cómo ha estado el partido?

–Ha sido aburridíííííísimo. No ha pasado nada.

Nos gusta que los partidos tengan acción, imprevisibilidad, dinamismo. Cada entrada debería ser única, cada tiempo debería ser diferente al anterior y cada partido debería tener algo especial.

Así es como tendría que ser la vida también. Cada día debería traernos una experiencia nueva y cada momento tendría que ser una oportunidad de jugar de una manera un poco diferente a la del momento anterior. Sin embargo, por algún motivo, mucha gente tiene miedo a cambiar. En vez de adherirse al cambio, intentamos aferrarnos a nuestra experiencia, a hacerla predecible, igual que ha sido siempre. Lo que nos es familiar también nos parece seguro, de manera que cualquier tipo de cambio puede parecernos amenazador. Pero cuanto más podamos aprender a jugar con el cambio, más fácil será recibirlo en nuestras vidas.

Es en los momentos de cambio cuando nos sentimos más llenos de vida. Si no queremos quedarnos atrás, si queremos vivir el momento, en el mundo de hoy y no en el de ayer, entonces tenemos que dar la bienvenida al cambio y no ocultarnos de él. Necesitamos correr junto a él, no huir. Necesitamos utilizar nuestras habilidades juguetonas para abrazarlo, en vez de temerlo. Podemos aprender a acercarnos al cambio con los brazos bien abiertos porque es una invitación a salir fuera y jugar.

«¡AL ATAQUE, OSOS!»

III

Aprenda a reír y a jugar
con la vida

38

Rodéese de personas a las que les guste reír y jugar

Una cosa es leer sobre una vida de risa y juego, y otra cosa totalmente distinta es experimentarla. La mejor manera de conseguir que ocurra es rodearse de personas a las que les guste reír y jugar, personas que puedan inspirarle y apoyarle en su búsqueda de un estilo de vida más divertido.

Me gusta pensar que un grupo de personas así constituye una «comunidad de juego» (personas que se reúnen y se dan apoyo los unos a los otros para que desinhiban su naturaleza divertida). El juego es su lenguaje común y su propósito común. El budismo tiene una palabra maravillosa para esto: *sangha*. Un *sangha* es un grupo de personas que se reúnen con una intención común, generalmente la de celebrar una ceremonia religiosa o llevar a cabo un servicio juntos. La idea que aporta el *sangha* es que resulta más sencillo llevar a cabo una práctica cuando le apoyan y acompañan en ella individuos con pensamientos comunes al suyo. Y puesto que conseguir una vida de risa y diversión se puede considerar una práctica, tiene mucho sentido reunir un *sangha*, una comunidad de juego a su alrededor, compañeros que puedan compartir la alegría de su práctica.

Tropecé con mi primera (y en última instancia más duradera) comunidad de juego de forma inesperada, un verano en el que mi amigo Marty decidió obsequiarse con la fiesta de cumpleaños definitiva. Para celebrarlo con estilo, invitó a veinte de sus amigos para que le acompañaran a una excursión para hacer rafting por el río Rogue, en el sur de Oregon.

El río Rogue está clasificado como bravo y pintoresco, lo que significa que el paisaje es espectacular, los rápidos son traicioneros y el número de visitantes está estrictamente limitado como parte del programa federal de conservación natural. Mientras descendíamos el río pasamos junto a salmones que iban río arriba a desovar y junto a ciervos que nos contemplaban desde el límite del bosque. Familias de patos nadaban junto a nosotros. Un día incluso llegamos a ver a un enorme oso pardo intentando pescar salmón desde la orilla del río.

Navegamos por rápidos y remolinos de agua blanca montados en grandes balsas, y después pasamos de los botes a navegar en pequeños neumáticos, chillando aterrorizados pero con el destino en nuestras manos. Los guías gritaban diciéndonos cuáles eran las maneras más seguras de descender por aquellas aguas revueltas, pero inevitablemente nuestros neumáticos se volcaban y entonces nos agarrábamos a la vida mientras las piedras, las olas y los remolinos pasaban junto a nosotros a toda velocidad.

En los largos tramos de aguas tranquilas formábamos grandes cadenas humanas de «ruederos» (o «patatas», como nos llamábamos a nosotros mismos) agarrados y flotando juntos río abajo, hablando de forma animada y conociéndonos mejor los unos a los otros.

Fue una experiencia maravillosa.

Al año siguiente, cuando Marty propuso otra reunión para celebrar su cumpleaños, yo me uní lleno de entusiasmo. El segundo año fue, si es que eso era posible, incluso mejor que el primero. Al final del cuarto día de la excursión mis amigos Amo y Ritch vinieron hacia mí visiblemente emocionados. «¡Vamos a hacer la promesa de repetir este viaje cada año durante el resto de nuestra vida!», exclamaron apasionadamente. «¡Sin dudarlo! ¡Todos haremos la promesa!» Y así fue.

Todavía, veinte años más tarde, existe un grupo de personas, un núcleo de cinco hombres y cinco mujeres que permanecen juntos desde hace mucho tiempo y que cumplen esa promesa, flotar juntos en el río Rogue una vez al año, durante el resto de sus vidas. Cada año, trece personas más se unen a ese núcleo de diez para formar una comunidad flotante de veintitrés «ruederos» y cuatro guías. Las diez personas que habían hecho la promesa han volado desde lugares tan lejanos como Hawaii o Australia para poder cumplir su compromiso anual. Al final de cada viaje, todos nos reunimos y volvemos a prometer: «¡Cada año durante el resto de nuestra vida! ¡Cada año durante el resto de nuestra vida!»

Desde luego, a lo largo de veinte años ha habido muchas personas que han llegado al final del viaje y, con mucha elegancia, han hecho la promesa opuesta: «¡Nunca más en mi vida! ¡Nunca más en mi vida!»

A muchos de los ruederos más veteranos sólo los veo una vez al año, y sin embargo cada vez que nos reunimos de nuevo, en la misma época, me siento como si fuéramos una familia. Tan pronto como entramos en el mágico mundo de la excursión al río, empezamos a llamarnos por los apodos que hemos ideado a lo largo del tiempo. Ya casi no recuerdo sus nombres auténticos, para mí ellos son Fénix, Nutria, Espíritu y Sonrisas. A su vez, muchos de ellos me conocen sólo como Igor. (Es una larga historia. ¡No pregunte!)

Ha habido unos pocos años en los que no me ha apetecido ir a la excursión, o en los que he estado tan abrumado por el trabajo que me he dicho que no podía permitirme tomar el tiempo libre necesario. En esas ocasiones he renegado de mi maldita promesa, y después de mala gana me he arrastrado hasta el río sabiendo con certeza que no lo hubiera hecho si no hubiera dado mi palabra. En cada una de esas ocasiones, flotando con serenidad en mi neumático en medio de un paisaje increíblemente bello, forzado a pensar en el momento presente por el sonido de las aguas blancas que se acercan en la próxima curva del río, me he dicho: «¿Pero en qué debía estar pensando para haberme planteado por un instante perderme esta excursión? ¿Cómo podía haber olvidado lo mucho que me gusta este lugar? ¡No hay ningún otro sitio en la Tierra mejor que éste!»

Hacer la promesa me ha protegido de mi tendencia negativa a la adicción al trabajo y ha creado una puerta en mi vida por la que, cada año en la misma época, puedan entrar la risa y el juego. Rodearme de personas lo bastante locas como para inventar una promesa como ésa, pero a la vez lo bastante serias con respecto a la idea de la comunidad de juego como para cumplir con ella durante más de veinte años, me ha dado el apoyo necesario para proporcionar año tras año a mi vida esa semana de diversión salvaje. Es un regalo con el que siempre puedo contar, un regalo que sin ninguna duda continuaré recibiendo... ¡durante el resto de mi vida!

39

Proporcione un año de diversión a sus amigos

Piense en las personas a las que usted considera sus amigos. ¿Les gusta reír y jugar? Si no es así, entonces quizás debería pensar en buscar algunos nuevos amigos. Si usted se dispusiera a hacer una lista de las personas que formarían su comunidad de juego, ¿cuáles de ellas estarían en esa lista? Cuando su lista llegue al menos a doce personas, piense en invitarlas a todas a una fiesta para poner en práctica la estrategia para formar una comunidad de juego, como la ha desarrollado mi amiga Mahalia Pugatch.

Mahalia reunió a muchos de sus amigos en una fiesta en su casa y mostró un calendario del año siguiente. Habló de la manera en que, al volvernos personas más responsables con unas carreras profesionales de éxito, todos habíamos comenzado a perder contacto con los demás. «¡Hoy en día es como si en nuestras vidas sólo hubiera trabajo y ya no hubiera lugar para la diversión, la amistad ni la comunidad!», dijo ella con indignación. Así que propuso que tendríamos que remediarlo con un «año de diversión».

Extendió el calendario en el suelo y pidió un voluntario para cada mes del año. Cada persona sería responsable de organizar un acto divertido para la comunidad, así para el final de la tarde teníamos planeada ya una fiesta para cada mes. «Llamadme dentro de una semana para decirme la fecha de vuestro acto y lo que habéis planeado», dijo Mahalia a los voluntarios. «Entonces yo enviaré un calendario de actos de una sola página a todos los presentes, algo que se pueda colgar en el frigorífico para que no nos olvidemos de ello».

Ese año celebramos bailes y cenas en las que todos contribuíamos con algún plato, fuimos juntos a jugar a bolos, a dar paseos y a bailar danzas Sufi. Incluso celebramos una «Noche del colador en la cabeza», en la que cada persona tenía que decorar un colador y después llevarlo como sombrero durante toda la noche para conseguir el derecho de admisión en la fiesta.

¿Preparado para formar su propia comunidad de juego? El primer paso es rodearse de personas a las que les guste reír y jugar. Después busque algunos voluntarios y prepárese para un año de diversión.

40

Mantenga el contacto con sus amigos

Una de las principales dificultades que provoca tener un trabajo que exige frecuentes viajes de negocios fuera de la ciudad, es que puede perjudicar la vida familiar. Pero afortunadamente la tecnología moderna ha hecho que sea posible estar en comunicación permanente con la familia y los amigos, sea cual sea el lugar en el que se encuentre. Nunca tiene que perder su apoyo, ni siquiera cuando viaja a algún lugar muy lejos de su hogar. Cada vez que Amo Tarnoff, uno de los formadores de Playfair, deja su casa por un largo viaje de negocios, graba un mensaje en una cinta de vídeo para que sus dos hijos pequeños la vean cada noche antes de ponerse a dormir y puedan sentir la presencia de su padre en casa, con ellos. También los niños graban mensajes para su padre varias veces a la semana en su buzón de voz. Las cintas de vídeo, de audio, el buzón de voz, el correo electrónico, el teléfono, la vídeoconferencia, la mensajería... la lista de medios tecnológicos modernos que pueden ayudarle a mantener el contacto es muy extensa.

Como señaló Sigmund Freud hace casi setenta años, por muy impresionantes que puedan ser todos esos avances, la tecnología es una espada de doble filo: los avances tecnológicos no necesariamente hacen que nuestras vidas sean más felices. Freud explicó que la invención del teléfono hizo posible que él pudiera oír la voz de sus hijos que vivían a cientos de kilómetros de distancia, y le permitía saber al instante que un amigo había llegado sano y salvo al final de un largo viaje. Pero, ¿significa eso, se pregunta Freud, que los inventos como el teléfono nos proporcionan «un placer positivo, un aumento inequívoco de la felicidad»? No necesariamente, porque al mismo tiempo «si no existiera el ferrocarril para hacer cortas las largas distancias, mis hijos no se habrían ido de casa y yo no necesitaría el teléfono para escuchar su voz, y si no hubiera buques que cruzan el océano, mi amigo nunca se hubiera embarcado en su viaje, y yo no necesitaría el teléfono para aliviar mi inquietud sobre su estado».

En las muchas décadas que han transcurrido desde que Freud escribió esas palabras, la tecnología se ha introducido de forma mucho más profunda en nuestras vidas. Hoy en día no nos provoca ningún pensamiento descolgar el teléfono para hablar con nuestros parientes del otro extremo del país, o enviar mensajes por correo electrónico a amigos repartidos por todo el planeta o decidir inesperadamente subir a un avión a reacción.

En la época de Freud, viajar a otro continente suponía un proyecto importante que requería mucho tiempo, no era algo que una persona normal hiciera a la ligera. Los viajes de larga distancia requerían una planificación y previsión considerable. Había que consultar atentamente los calendarios antes de la fecha de salida, y había que reservar grandes períodos de tiempo para el largo y arduo viaje. Así que es probable que si Freud planeaba hacer un viaje de vacaciones a, digamos, Hawaii, tenía que saber con certeza antes del día de embarque si había algún acontecimiento social previsto para esa fecha que le impidiera ir.

Ya sea porque soy un producto de mi época o bien por alguna oscura razón psicológica (razón que, con toda certeza, Freud estaría más cualificado para comentar que yo), me encontré en una situación diferente cuando, la semana antes de salir para un romántico viaje de vacaciones con mi esposa a Hawaii, me di cuenta de que había planeado iniciarlo el día de la eliminatoria final de fútbol americano entre los 49ers y los Cowboys.

No quiero que piense que soy una especie de fanático del fútbol, nada más lejos de la realidad. Para mí, ver un partido de fútbol es un acontecimiento social, una reunión de amigos en casa de aquél de nosotros que puede permitirse comprar el aparato de televisión de mayor tamaño. Si estoy solo, ver un partido de fútbol es triste y aburrido, algo que hago muy rara vez. Pero, después de todo, eran los 49ers contra los Cowboys, la eliminatoria final.

Yo estaba muy preocupado por este conflicto inminente. Cambiar el día de vuelo, estando tan próximo, para poder ver el partido con mis amigos, era algo imposible. Pero perderse ese partido, quedar fuera de ese preeminente acontecimiento cultural de mi comunidad, tener que mirar hacia otro lado cada vez que mis amigos hablaran del Gran Partido... ése era un destino demasiado triste como para planteármelo.

Así que le confesé mi dilema a Geneen y me confié a su compasión. «Querida», dije, «se me ocurren dos soluciones. Una es que cuando lleguemos a Honolulu vayamos a un bar del aeropuerto y veamos el partido, y después, cuando éste haya acabado, tomemos el siguiente vuelo a la Gran Isla; o si no quizás puedo llamar a uno de los chicos para que graben el partido y me lo envíen por la noche con un mensajero al hotel».

De forma muy suave, se puede decir que mi esposa no es una gran aficionada al fútbol. Ella cree que es un pasatiempo violento y digno de idiotas, y cada vez que comienza la transmisión de un partido en la televisión, huye de la habitación murmurando comentarios ofensivos en voz baja. Yo podía imaginar la respuesta probable que podía obtener mi propuesta: «Quizás has pasado por alto la opción número tres», diría ella. «Que tú y yo nos vamos juntos a unas vacaciones románticas. Que se supone que la idea de una huida romántica consiste en nosotros dos solos juntos en una playa tropical, sin ninguna distracción. Nosotros dos. Solos. Sin trabajo. Sin llamadas que contestar. *¡Y definitivamente sin ver ningún estúpido partido de fútbol!*»

Pero en lugar de eso, me sorprendió. Debió darse cuenta de lo mucho que significaba ese partido para mí, porque con un gesto confundido que comunicaba de forma clara que yo era una criatura despreciable que le debía un gran favor dijo: «Muy bien, haremos que te envíen el vídeo».

El complejo en el que nos alojábamos era realmente romántico, diseñado para imitar la atmósfera de un antiguo pueblo hawaiano. Cada pareja tenía su propio *hale*, una cabaña hawaiana con el techo de paja. Como decía en el folleto publicitario, no había teléfono ni televisión en las habitaciones, sólo intimidad completa. De hecho, en todo el complejo sólo había una televisión y un aparato de vídeo, que se utilizaba para pasar películas del volcán de Hawaii a un puñado de turistas ávidos de entretenimiento cada martes por la noche. Estos aparatos se almacenaban en una habitación con vistas a la zona donde se preparaba la barbacoa del luau, y fue hacia esa habitación hacia la que me dirigí en cuanto mi precioso paquete por mensajería llegó del continente.

Mis amigos realmente se habían excedido esta vez. No sólo habían enviado una grabación en vídeo del partido sino también una cinta con el sonido de sus voces mientras lo habían visto, para que yo pudiera sentirlo junto a ellos. Metí la cinta de casete en mi walkman, me puse los auriculares, puse en marcha el vídeo y me senté cómodamente para disfrutar de la experiencia.

Supongo que debió ser la insólita visión de alguien viendo un partido de fútbol y al mismo tiempo riendo de forma histérica lo que atrajo al subdirector del complejo a venir a mi lado para echar un vistazo más de cerca. Lo que me hacía reír eran los comentarios que mis amigos me dirigían en la cinta de casette: «¿Puedes creer que ese cabeza hueca esté jugando?», «¿Has visto ese pase?», «¡Es patético!», «¡Ojalá alguien me disparara y me librara de este suplicio!» Ellos me incluyeron en su conversación, como si yo estuviera realmente en la habitación con ellos.

Tan pronto como vi al subdirector acercándose hacia mí, me saqué los auriculares y le grité: «Es el partido entre los 49ers y los Cowboys del domingo pasado. *¡No me diga quién ganó!*»

Él asintió con la cabeza, y después me preguntó por los auriculares. Le expliqué lo de la retransmisión de mis amigos, y le presté los auriculares. Tras unos momentos, soltó una carcajada increíble. «¿Sus amigos le han enviado esta grabación? ¡Eso es fantástico!»

Como no podía pasar los anuncios publicitarios con avance rápido (para mantener la cinta de cassette sincronizada correctamente con la cinta de vídeo ambas tenían que seguir hacia delante de forma simultánea), en los intermedios del juego había una gran oportunidad para que el subdirector y yo habláramos. Él me preguntó si disfrutaba de mi estancia, y yo le dije que ya habíamos estado muchas veces con anterioridad de vacaciones en el complejo, incluyendo nuestra luna de miel. Siempre nos alojábamos en nuestra *hale* favorita, una que se encontraba en un rincón apartado sobre el estanque, pero en esa ocasión había un pequeño problema. Había un grupo de obreros trabajando en el techo de paja de la *hale* contigua y el ruido hacía que nos fuera difícil relajarnos.

Él me agradeció mi franqueza y prometió investigar qué podía hacer para remediar la situación. Después de ver un poco más de partido, me dejó para volver a sus deberes oficiales. Yo me quedé y vi el partido hasta el final, atrapado en mi agujero en mi cabaña. Tan pronto como me volví a poner los auriculares entré en una realidad distinta, en un instante era capaz de hacer girar el reloj dos días hacia atrás y pasar un domingo por la tarde en casa con mis amigos un martes por la tarde en Hawaii.

Cuando acabó el partido volví a mi habitación y descubrí que mi nuevo amigo el subdirector nos había trasladado a una exclusiva *hale* en primera línea de playa, lo que normalmente nos hubiera costado doscientos dólares más cada noche.

No estoy diciendo que esta mejora inesperada nunca hubiera sucedido si mis amigos electrónicos no hubieran viajado conmigo a Hawaii. Pero sé que el subdirector lo pasó muy bien cuando se puso los auriculares y pudo viajar de vuelta en el tiempo conmigo y mis amigos.

Nunca es malo rodearse de personas a las que les guste reír y jugar, aunque sólo estén en una cinta. La próxima vez que tenga que viajar lejos de casa por negocios, llévese con usted algunas grabaciones en audio o en vídeo de sus seres queridos; y la próxima vez que un amigo esté de viaje tome la cámara de vídeo, reúna a algunos amigos y envíe por mensajería un vídeo sorpresa a su hotel. Es lo mejor que le puede pasar, además del hecho de estar allí.

41

Viva *en* el momento
(no *para* el momento)

Mi amiga Mahalia Pugatch tiene un título superior de Danza, ha aprendido a girar como un derviche durante horas sin parar, imparte clases de danzas religiosas de todo el mundo, y lo que más le gusta es trasnochar y agotar a sus parejas en la pista de baile hacia la mitad de la noche. El adhesivo en el parachoques de su coche proclama orgullosamente: «¡PREFERIRÍA ESTAR BAILANDO!»

Un día me di cuenta de que el adhesivo ya no estaba; unos pocos trozos rotos de papel era lo único que quedaba en el antiguo lugar de honor. Estaba claro que lo habían quitado a propósito.

–¿Qué pasa, ya no te gusta bailar? –le pregunté en broma, señalando con la cabeza hacia la parte posterior del coche.

–Oh, no, no es eso –replicó ella muy seriamente–. Claro que me gusta bailar todavía, de hecho esta noche salgo a bailar. Pero ése no es el problema. La semana pasada estaba conduciendo y me di cuenta de que el adhesivo del parachoques proclamaba al mundo que yo preferiría estar haciendo algo distinto de lo que estoy haciendo en este momento. ¿Qué dice eso sobre mi vida, que no puedo ser feliz haciendo lo que estoy haciendo en ese instante? ¿Que estoy esperando que algún día llegue una vida mejor para mí? ¡Olvídalo! Así que me aparté a un lado de la carretera, rompí el maldito adhesivo y lo quité del coche.

Mahalia se estaba enfrentando a una de las cosas que nos impiden obtener el máximo de nuestras vidas. En lugar de vivir en el presente, pasamos demasiado tiempo esperando un momento mágico que imaginamos que sucederá en el futuro; y cuando no estamos atrapados por alguna visión idealista del futuro, es posible que acabemos reviviendo momentos del pasado y lo que es peor, a menudo los momentos que escogemos revivir son recuerdos negativos que nos provocan sentimientos negativos, ansiedad, y nos llenan de estrés.

Esta manera de relacionarse con la vida ha tenido una gran influencia en nuestra cultura popular. Podemos verlos de forma muy clara en los títulos de dos canciones que fueron éxitos en mi adolescencia. The Beatles cantaban «I Want to Hold Your Hand» (Quiero cogerte la mano), un ejemplo excelente de anticipar el placer en el futuro en lugar de buscarlo en el presente; y después The Rolling Stones seguían con «(I Can't Get No) Satisfaction» (No consigo la satisfacción). Así que, en el mundo de la cultura pop, parece que aunque en algún momento del futuro seamos capaces finalmente de tomar nuestras manos, de algún modo todavía no estamos satisfechos, como proclaman las canciones.

«No consigo la satisfacción» es una expresión que captura el vacío que tantas personas sienten en sus vidas cada día, en el trabajo, en casa e incluso en aquello que ellos llaman juego. ¿Por qué tantos de nosotros nos sentimos insatisfechos? ¿Por qué tan pocos pueden vivir una vida que esté llena de risa y juego momento tras momento?

La industria de la publicidad es buena conocedora de esta enfermedad crónica de nuestra sociedad. Dése cuenta de que algunas de las palabras utilizadas con más frecuencia en los anuncios son *mejor, más, nuevo* y *mejorado*. El mensaje, sutil pero muy claro, es que necesitamos algo diferente, algo más, algo que sea mejor que este momento. Sencillamente, el presente no es lo bastante bueno.

Compare este enfoque de la vida con la historia de los guerreros nativos norteamericanos de quienes se sabe que antes de ir a una batalla solían decir: «Hoy es un buen día para morir». Siempre lo he entendido como una expresión de la plenitud de sus vidas en cada preciso instante. La idea no se refiere a que un día en concreto sea bueno para morir sino más bien a que si muriera ahora mismo, habría tenido una vida muy buena, porque he aprendido a vivir el momento plenamente.

Uno de los mejores mantras que podemos utilizar para realzar nuestras vidas de cada día es «Esto es lo suficientemente bueno». Si, fuera lo que fuera lo que estuviéramos haciendo, pudiéramos acordarnos varias veces al día de respirar hondo y repetir en nuestro interior: «Este momento es lo suficientemente bueno», entonces quizás podríamos curar algunas de las insatisfacciones crónicas que nos atormentan tan a menudo.

Mi tío mayor me enseñó muchas lecciones para vivir una buena vida. Para los estándares de mucha gente, él no era una persona de éxito. Nunca ganó mucho dinero. Nunca tuvo un coche bonito ni una casa de su propiedad. No tenía un trabajo de prestigio. Sin embargo, recuerdo muchas ocasiones en las que estábamos juntos disfrutando de un relajante paseo en el parque, o contemplando las primeras estrellas de la noche desde el columpio de la entrada de casa, o sentados junto a un río de aguas tranquilas. Él respiraba profundamente y decía con gran ironía: «Me pregunto qué deben estar haciendo ahora los pobres».

Incluso siendo un niño comprendía que él me estaba comunicando la sabiduría de vivir el momento. Me estaba diciendo que al prestar atención a la increíble riqueza con la que el mundo natural nos rodea continuamente, podíamos considerarnos personas ricas, sin importar nuestras posesiones materiales. Por el contrario, no importa cuánta «riqueza» o «éxito» creamos tener, la calidad de nuestra vida será muy mala si no sabemos cómo estar aquí y ahora. En resumen, no hay mejor plan para enriquecerse rápidamente que aprender a vivir en el momento.

Sin embargo, no debemos confundir vivir *en* el momento con vivir *para* el momento. Una filosofía que expresó por primera vez Arístipo en la Grecia clásica, y que ha reunido a muchos partidarios en la actualidad, promueve la idea de que todos deberíamos vivir simplemente para el momento, es decir, el ahora es todo lo que tenemos, así que vayamos a por todo ahora mismo. Su razonamiento es parecido a éste: la vida sólo puede experimentarse de momento en momento; el único placer que podemos sentir realmente es nuestro propio bienestar; el placer físico es el más intenso de los placeres; el futuro es, como mínimo, incierto. Así que hagamos realidad todos nuestros deseos para contentar a nuestro corazón.

Los publicistas han intentado capturar la esencia de esta filosofía, que es básicamente egoísta y hedonista, con frases como: «Alcance el entusiasmo», «Busque el oro» o «La vida es corta, juegue duro». Por desgracia, cuando perseguimos esa «embriaguez absoluta» que se supone que se produce al vivir para el momento, descubrimos que cuando la embriaguez pasa nos encontramos afrontando el «desánimo» que le sigue. El defecto más importante de la filosofía de «Come, bebe y diviértete; mañana puedes estar muerto» es que a menudo el mañana llega y no estamos muertos. En lugar de eso, nos quedamos aturdidos, sin saber qué hacer, buscando alivio para el intenso sufrimiento que provoca el exceso de comida, de bebida y la falta de sueño.

Al final, nos decimos «Ojalá estuviera muerto» en lugar de «Hoy es un buen día para morir». Vivir *en* el momento nos permite descubrir que la vida es lo suficientemente buena, mientras que vivir *para* el momento nos deja preguntándonos: «¿Esto es todo?»

Ese viejo tío mío tan sabio solía decirme la frase «¡Levanta el sedal, hijo, vamos a un sitio aún peor!» cuando estábamos pescando y no teníamos suerte. A su manera, sutil pero brillante, siempre estaba reforzando la misma idea: hay que valorar el momento en el que se vive porque puede ser maravilloso. No pierda el tiempo esperando a que llegue un futuro desconocido, porque, en realidad, ¿quién sabe qué va a depararnos el siguiente momento?

42

Cante más, proteste menos

El hábito de la protesta es una de las cosas que nos aleja de la risa, el juego y la diversión, de los que podríamos disfrutar fácilmente. Protestamos cuando las cosas cambian. Protestamos cuando no cambian. Protestamos en el trabajo. Protestamos en casa. Protestamos por las acciones del gobierno. Protestamos por la pasividad del gobierno. Protestamos por el tiempo. Protestamos por la gente que protesta. Muchos de nosotros pasamos una buena parte de la vida diaria protestando.

Si queremos vivir una vida feliz y buena, hay algunos hábitos que tenemos que evitar y algunos otros que tenemos que adquirir. Bajo mi punto de vista, protestar está entre los primeros, mientras que cantar está entre los segundos. Para mí, parece bastante obvio que deberíamos pasar más tiempo cantando y menos protestando. La razón habitual de nuestras protestas es que nos sentimos impotentes, temerosos o deprimidos por la marcha de nuestras vidas. Naturalmente, cuando tenemos esos sentimientos nos resulta mucho más difícil reír y jugar. Además, cuando nos damos cuenta de que muchas de esas protestas provienen de nuestra timidez, de nuestra tendencia a la depresión y de la sensación de no tener el suficiente control sobre nuestra vida, entonces podemos comprobar también que protestar no es realmente la verdadera solución a nuestros problemas.

Creo que una parte, si no la mayoría, de nuestros temores y nuestras depresiones los provoca la sensación de estar limitados o atrapados, en otras palabras, de que no tenemos ninguna opción. Nuestra capacidad de ser creativos, de imaginar otras posibilidades, nos proporciona una solución genuina al sentimiento de limitación y opresión. Podemos producir un cambio real a través de nuestra imaginación y nuestra creatividad.

Ahora, sígame en este tema. Asumamos que la creatividad es la cura para el sentimiento de limitación. Desde luego, cantar constituye sólo una de las muchas formas de expresión creativa, al contrario que protestar.

Cantar es una señal de libertad, mientras que protestar es una señal de estar atrapado.

Desde los tiempos de la Grecia antigua, los filósofos han señalado que es posible tener el control sobre nuestra forma de ver el mundo; y todavía hoy, tras miles de años, en vez de actuar así, muchas personas deciden verse a sí mismas como víctimas de las circunstancias. Éstas encuentran más sencillo protestar por su vida que intentar cambiar su forma de vivir. El consejo del filosofo Epícteto sigue siendo cierto en la actualidad: «[A las personas] no les perturban las cosas, sino la visión que tienen de las cosas. Por lo tanto, cuando algo nos estorba o nos perturba o nos afecta, nunca debemos atribuirlo a los demás, sino a nosotros mismos, es decir, a nuestra visión. Reprochar a los demás las desgracias propias es acción de una persona sin educación; reprochárselas a sí mismo, de una persona que está comenzando a educarse; no reprochárselas ni a los demás ni a sí mismo, de una perfectamente educada».

Dado que usted tiene la posibilidad de elegir entre ver las cosas de forma positiva o negativa, no hay ninguna razón para elegir vivir de forma perjudicial para su salud y bienestar. Una de las cosas más interesantes sobre este hábito de protestar es que a ninguno de nosotros nos gusta realmente estar junto a personas que protestan sin parar. A pesar de ello, seguimos sin esforzarnos en reducir nuestras protestas. Así pues, si está buscando una manera de mejorar su vida con éxito garantizado, aquí la tiene: cante más, proteste menos.

Una vez más, algunos de ustedes pueden decir lo que oigo tan a menudo cuando le sugiero a la gente que cante más: «¡No sé cantar!» Ciertamente, puedo comprenderlo, yo mismo lo he dicho. Pero un día mi amigo Peter Alsop, un compositor e intérprete de mucho talento, me enseñó una lección maravillosa. Como respuesta a mi comentario «no sé cantar», Peter dijo simplemente: «Oh, sí, claro que sabes cantar, ¡lo único que pasa es que tienes mala voz!» Desde luego, él tenía razón. Todos sabemos cantar. Lo único que pasa es que algunos tenemos voces menos maravillosas que otros.

Si no está convencido de que cantar más y quejarse menos sea una buena idea, hágase la siguiente pregunta: ¿qué beneficio obtenemos de protestar?

«Bueno», puede decir usted, «si no protesto no provocaré ningún cambio».

Eso es cierto. Así que podemos dar la señal de aprobación a toda protesta cuyo objetivo directo sea producir cambios positivos. Por ejemplo, decir a nuestro superior que no hay suficiente risa y juego en nuestro entorno de trabajo y proponer soluciones al problema parece un acto de protesta bastante saludable.

Por otro lado, muchas de las protestas no tienen como objetivo producir cambios positivos y, por consiguiente, son más bien improductivas. Para decirlo de forma más clara, esta última forma de protesta no nos beneficia en absoluto. Además de convertirnos en personas negativas que parecen estar atrapadas sin esperanza, obsesionadas en revivir situaciones negativas, nos hace perder un tiempo valioso que podríamos estar utilizando para un gran número de actividades que mejorarían nuestra vida, de las cuales la risa y el juego no son las menos importantes.

Aunque no hay ninguna evidencia científica que demuestre que cantar contribuye a la salud y al bienestar de la persona, abundan las evidencias en forma de anécdotas. Si lo desea, lleve a cabo su propia investigación. Pregunte a sus amigos si les gusta estar con personas que protestan mucho. Después pregúnteles si preferirían a alguien que no se queje mucho pero que de vez en cuando cante. Contemple con visión crítica a las personas que protestan de forma continua y compare su percepción de la vida con la de los que cantan de forma crónica. Sospecho que su investigación confirmará mis descubrimientos. Cantar tiene un coste muy bajo y grandes beneficios, mientras que protestar tiene pocos beneficios y un coste enorme.

Desde luego, es cierto que para muchas personas la vida es difícil. Para la mayoría de nosotros es más fácil encontrar cosas de las que protestar que cosas que nos hagan tener ganas de cantar. Un maestro zen me enseñó una técnica especialmente efectiva para desplazar nuestra atención lejos de lo negativo y hacia los aspectos más positivos de la vida. Sugirió que cuando nos sentimos mal por nuestro estado actual, es decir, cuando hemos tenido uno de esos días pésimos, deberíamos hacernos la siguiente pregunta: «¿Qué es lo que no va mal?» Cuando nuestra cotidianidad hace que no tengamos ganas de cantar sino de protestar, entonces podemos centrarnos en los aspectos de nuestra vida que no van mal. Después de todo, la gente está siempre planteándose y planteando a los demás la pregunta: «¿Qué es lo que va mal?» ¿Por qué no trasladar nuestra atención a lo que no va mal? Incluso cuando no hemos tenido un mal día, resulta útil hacerse esta pregunta. Nuestro diálogo interior debería ser parecido a éste:

–¿Qué es lo que no va mal?

–Bueno, no tengo un pie de atleta.

–¿Qué es lo que no va mal?

–Todavía tengo un sueldo seguro.

–¿Qué es lo que no va mal?

–Al menos le gusto a mi perro.

–¿Qué es lo que no va mal?

–La máquina de fotocopias no se ha estropeado esta semana.

–¿Qué es lo que no va mal?

–Mis sentidos de la vista y el olfato funcionan muy bien, y hay muchas vistas y fragancias maravillosas en mi jardín.

–¿Qué es lo que no va mal?

–No he perdido mi capacidad de imaginar.

–¿Qué es lo que no va mal?

–¡Sé cantar!

43

Recuerde que usted es un ser humano, no un ordenador

¿Es completamente innecesaria una advertencia para recordarle que usted no es un ordenador? Después de todo, ¿cómo podríamos olvidar que somos humanos?

Sin embargo, es una verdad innegable que la gente a menudo cae en la trampa de la vida automática, como de máquinas. En lugar de vivir de forma espontánea y libre, venimos a aceptar la noción de que hay una forma particular de ser un ser humano. Solemos intentar conocer la «forma correcta» de actuar, pensar, o sentir en una situación determinada. Nos sentimos muy incómodos cuando nos encontramos en una situación en la que no sabemos cómo se supone que debemos estar.

No hace mucho tiempo tuve un estudiante invidente. Yo normalmente paso los primeros días de clase conociendo a mis estudiantes y dejando que ellos me conozcan. El segundo día de clase este joven me dijo en privado:

—Me gustaría que toda la clase supiera que soy ciego.

Le dije que yo pensaba que todos lo sabían ya, porque la mayoría de estudiantes no venían a clase con un perro guía.

Se rió y dijo:

—No, sólo quiero decir que quiero hacer público que no puedo ver, sólo eso. Nadie tiene que actuar de manera diferente conmigo.

Cuando le pedí que me lo explicara mejor, dijo:

—Bien, es como si la gente se sintiera realmente incómoda cuando están conmigo, puedo sentirlo, y es sólo porque no saben cómo actuar. La verdad es que sólo quiero que la gente sea quien es y me dejen ser quien soy. Resulta que mi ceguera es parte de lo que yo soy. A veces siento que cuando la gente me conoce, lo único que pueden ver es que soy ciego. Cuando eso ocurre, simplemente no saben cómo comportarse.

Ese estudiante estaba señalando muy claramente uno de los problemas de la vida automática. Nos volvemos una especie de ordenadores en nuestras respuestas a los demás, y cuando nos enfrentamos a algo inusual o diferente, el ordenador se bloquea. Es como si no tuviéramos el paquete de software adecuado para esa situación.

Alguien le preguntó en una ocasión al psicólogo Erich Fromm si él pensaba que sería posible algún día crear un ordenador que fuera exactamente como un ser humano. Fromm respondió que de hecho sería muy fácil conseguirlo si los seres humanos seguían la tendencia actual de convertirse en máquinas. Si empezamos a creer que hay un modo concreto de estar en una situación, entonces toda la espontaneidad humana desaparecerá y bien podríamos ser máquinas. Los ordenadores son cosas buenas, pero sólo son eso: cosas. Se les puede programar para que rían, jueguen, cuenten chistes y den todo tipo de respuestas interesantes. Aunque todas estas reacciones son más automáticas que auténticas. Si vamos a vivir plenamente, entonces debemos vivir como auténticos seres espontáneos.

A veces, cuando voy caminando por la ciudad y alguien pregunta de forma automática «¿Qué tal?», me paro y considero la pregunta. Entonces doy una respuesta real y normalmente nos reímos de nosotros mismos, al recordarnos que somos humanos y no ordenadores programados para decir «¡Bien!» O a veces, cuando se acercan las vacaciones y un vendedor me dice «Felices vacaciones», le respondo «Una observación acertada» y vuelve a producirse el mismo fenómeno.

Hace unos años leí que un legislador de California había propuesto, a modo de broma, la pena de muerte a todo aquel vendedor que dijera «que tenga un buen día». Desde luego, hay personas que pronuncian estas palabras con mucha sinceridad y calidez, pero usted sabe tan bien como yo que la mayoría de veces esas respuestas son superficiales y automáticas, vacías de todo sentimiento real.

Un día que estaba comiendo con mi amigo Scott Jones, la camarera nos dio la cuenta y dijo «Que tengan un buen día». Scott contestó «Gracias, pero ya he hecho otros planes». Este comentario inesperado provocó que los tres nos prestáramos atención durante un momento. Mientras nos reíamos, la pequeña broma de Scott nos dio la oportunidad de darnos cuenta de que no se necesitaba mucho esfuerzo para establecer una conexión sincera y placentera.

Los ordenadores pueden estar programados para reír y jugar, pero no pueden sentir la alegría y la felicidad que se derivan del verdadero juego humano. Afortunadamente, ¡nosotros sí!

44

Disfrute de los pequeños momentos

Después de haber pronunciado una conferencia sobre diversión en el trabajo en la Convención Nacional sobre Bienestar, estuve hablando brevemente con unas cuantas personas del público que tenían preguntas sobre cómo aplicar estos principios a sus situaciones específicas de trabajo. Justo cuando acababa de hablar con la última persona de la cola, vi a un hombre caminando a paso ligero hacia la tarima, donde yo estaba. Le miré para saludarle y lo primero que dijo fue:

–Quiero que sepa que no he estado esperando aquí todo el rato para hablarle, como toda esta gente que estaba aquí. A mi mujer y a mí nos ha gustado su charla, ¡pero no *tanto*!

–De acuerdo –respondí intentando ser amigable, pero preguntándome aprensivamente que sería lo siguiente que me diría–. Entonces ¿por qué está aquí todavía?

–De hecho, nos fuimos enseguida que acabó su charla –continuó–. Pero justo cuando estábamos fuera, mi mujer recordó que se había dejado su cámara debajo del asiento. Lo que quiero decirle es que normalmente empezaría a gritarle por ser tan estúpida y hacernos volver aquí, pero por alguna razón no he podido hacerlo esta vez. Sólo podía pensar '¿Por qué escoger el estrés? Si la vida es un juego, ¡entonces esto debe formar parte de él! ¿Por qué enfadarse?' Así que regresamos aquí juntos y recogimos la cámara y no supuso ningún problema, y los dos nos sentimos bien y no nos enfadamos, y yo sólo quería que supiera que todo esto que está enseñando realmente funciona.

Esa conversación me hizo sentir muy bien, porque ese hombre había entendido verdaderamente la idea de que la vida es un juego y de que realmente podemos escoger vivirla así. No es sólo en los grandes momentos cuando necesitamos recordar esto, porque la vida está en su mayoría formada por pequeños momentos como éste. Si de verdad vamos a tener alegría y satisfacción en nuestras vidas, entonces vamos a tener que acordarnos de disfrutar de los pequeños instantes.

Sin embargo, para disfrutar los pequeños momentos, primero tenemos que fijarnos en ellos. Prestarles atención no resulta tan fácil si siempre estamos ocupados haciendo otras cosas. Ese gran filósofo llamado el osito Winnie tenía la idea de que todos nosotros nos habíamos convertido en un puñado de «perzonaz ocupadaz». Ya conoce esa clase de personas: las que están demasiado ocupadas para hablar con usted ahora, pero le dicen que le llamarán pronto. Pero si pasamos demasiado tiempo ajetreados por nuestras ocupaciones, entonces nos perderemos completamente el placer de los pequeños momentos.

Una de las cosas que un buen perro ha de dominar es saber sentarse y pararse cuando sea necesario (éste es otro aspecto del que podríamos beneficiarnos todos si aprendiéramos a trabajar como un perro). Si deseamos una vida buena, tranquila, llena de juegos y alegre, entonces a veces debemos aprender a estar tranquilos.

Sócrates, Buda, Moisés y Jesús enseñaron a través de su ejemplo que necesitamos dedicar una parte de nuestra vida a estar tranquilos. Cuando paramos todo el ajetreo y aminoramos la velocidad, tenemos muchas más posibilidades de experimentar el placer de los pequeños momentos, algunas de las experiencias más maravillosas de la vida.

Hay una planta de gardenias en el exterior de la oficina de Playfair, y cuando florece hago el ritual de parar y oler las flores cada día. Asimismo, cuando los ciruelos de alrededor de la oficina están dando sus frutos, me gusta mucho arrancar una ciruela cuando entro o abandono el edificio. Mi esposa me ha enseñado lo maravilloso que puede ser, cuando paso el día en casa, tomar una flor recién cortada de nuestro jardín cada mañana y ponerla en un jarrón en mi escritorio. Entonces, a medida que pasan las horas, si puedo acordarme de detenerme solamente un momento a mirar la flor, en ese instante todo mi día se puede transformar de forma positiva. Recientemente puse el mensaje «Respira y sonríe» en el salvapantallas de mi ordenador. Ver y prestar atención a este útil recordatorio me proporciona descansos alentadores. Todos nosotros podemos encontrar maneras de crear pequeños momentos placenteros en nuestra jornada de trabajo. No hay ningún coste, pero la recompensa es enorme.

Sin embargo, muchos de nosotros estamos demasiado centrados en los «grandes momentos». Pensamos que habrá una satisfacción tan grande en nuestras vidas cuando consigamos ese ascenso, o ese sustancioso aumento, o tengamos esas maravillosas vacaciones. Pero cuando nos centramos sólo en esos grandes momentos (que son pocos y muy espaciados en el tiempo), entonces nos perdemos la mayor porción de nuestras vidas. Un amigo mío una vez me señaló que para jugar una ronda de golf se necesitan unas cuatro horas, pero que sólo se pasan tres minutos golpeando la bola. Si quiere obtener el máximo disfrute de una partida de golf, entonces tiene que aprender a disfrutar los momentos que hay entre golpe y golpe: cada instante del juego.

Piense en algunos de los grandes placeres que se encuentran en los pequeños momentos de la vida. Se siente un gran placer al estar echado en la cama y encoger las piernas en una mañana muy fría, si se toma el tiempo para apreciarlo. Qué alegría se siente al abrir una sandía en un día realmente caluroso, si se toma el tiempo para apreciarlo.

Una vez escuché una historia sobre un monje que volvió a su tienda una noche y descubrió a un ladrón robándole sus escasas pertenencias. Cuando éste empezaba a darse a la fuga, el monje le ofreció su hábito. Mientras el ladrón huía, el monje se sentó con calma en el suelo y con una sonrisa de placer en su rostro tranquilo, dijo: «Ojalá pudiera darle esta brisa. Ojalá pudiera darle esta luna».

Como la brisa y la luna, existen pequeñas cosas alegres y alentadoras que están continuamente a nuestro alcance, sin importar cuáles son las condiciones externas de nuestras vidas. Pero sólo si hemos aprendido primero a disfrutar de los pequeños momentos.

45

No crea en sus pesadillas hasta que sucedan

Un adhesivo para el parachoques que fue muy famoso hace unos años decía simplemente LO PEOR OCURRE. Con posterioridad he visto mensajes en parachoques que, en un intento de protagonizar un duelo de adhesivos, proclamaban LAS COSAS BUENAS OCURREN. Con todo, yo creo que las personas que muestran el segundo adhesivo para el parachoques no han comprendido el sentido del primer adhesivo todavía; pienso que «lo peor ocurre» significa que las cosas ocurren, no necesariamente que las cosas malas ocurren.

No obstante, en mi deseo personal de reconciliar diferencias, no importa lo pequeñas que sean, pensé en crear mi propio adhesivo para el parachoques, en el que se podría leer: ¿NO PODEMOS PONERNOS TODOS DE ACUERDO EN QUE LAS COSAS OCURREN, ALGUNAS BUENAS Y ALGUNAS NO TAN BUENAS? Pero también, de forma más sutil: LA VIDA ESTÁ LLENA TANTO DE FLORES COMO DE BASURA. Al final abandoné la idea y decidí que mi parachoques era demasiado pequeño para tratar de forma adecuada un tema filosófico de esa importancia.

La vida nos hace afrontar a diario aspectos, posibilidades y realidades tanto positivas como negativas. Como consecuencia, todos fantaseamos sobre nuestras perspectivas de futuro, y todos podemos imaginar un porvenir positivo o negativo.

La fantasía puede ser una práctica muy beneficiosa. Tenemos que entrar de buen grado en el reino de la imaginación intensa si queremos vivir una vida creativa y estimulante. Sin embargo, demasiado a menudo caemos en las fantasías negativas. En lugar de investigar a partir de la pregunta «¿Qué es lo que va mal?, o aún mejor, de la pregunta «¿Qué es lo que no va mal?», ahondamos en el mundo de las fantasías negativas: «¿Qué es lo que podría ir mal?» Nuestra imaginación empieza a crear un panorama negativo tras otro. Como nos ha demostrado la experiencia, muchas de nuestras fantasías negativas nunca se convierten en realidad, pero de todos modos continuamos desaprovechando grandes cantidades de energía en ellas.

Pensar en las fantasías negativas no sólo hace que sea más difícil afianzarse en la vida, sino que también puede conducir a lanzar profecías de cumplimiento seguro; es decir, nuestra creencia de que algo negativo va a suceder puede en realidad jugar un papel importante para producir un resultado de este tipo. Así que evitar estas fantasías es una práctica muy buena. Podemos estar seguros de que la vida nos dará las suficientes realidades negativas que afrontar sin que nosotros tengamos que inventar ninguna más. La vida nos irá mucho mejor si, en lugar de fantasear con lo negativo, esperamos a que algo negativo ocurra realmente y entonces lo afrontamos de la mejor manera que podamos.

Eso no significa que una buena planificación, unos objetivos marcados y otras actividades de previsión de futuro no tengan sentido. Simplemente significa que imaginar todas las cosas terribles que pueden ocurrirnos no es una manera de vivir muy productiva, y con toda certeza interfiere con una vida de risa y juego.

Esta lección me vino a la mente cuando recibí una carta del Ministerio de Hacienda. Es probable que la mayoría de ustedes piensen que cualquier carta de Hacienda en la que a través de la parte transparente del sobre no se vea un cheque es un mal presagio. Probablemente empecemos a tener fantasías negativas incluso antes de abrir la carta. «¡Oh, me han pillado! ¡Voy a ir a la cárcel! ¡Me van a quitar mi casa y a mi hijo pequeño! ¡Voy a ir a la quiebra!»

Tengo que admitir que sentí una leves oleadas de náusea cuando recibí la carta, que era abultada y en la que, puedo decirlo, no había ningún cheque. Sin embargo, antes de abrirla recordé por un instante el principio que me guiaba: «No crea en sus pesadillas hasta que sucedan».

La carta me informaba muy cortésmente de que mi declaración de impuestos era incorrecta, y de que el Ministerio de Hacienda «querría recalcular» mis obligaciones contributivas. Descubrieron tras su recálculo que debía trescientos ochenta y siete dólares más, incluyendo intereses y sanciones. La carta también incluía un formulario que debía retornar en un plazo de treinta días indicando si estaba o no de acuerdo con sus afirmaciones. Si no estaba de acuerdo tenía que enviar la documentación apropiada que fundamentara mi posición.

De inmediato caí en una fantasía negativa y comencé a imaginarme a mí mismo, a contrarreloj, rebuscando a conciencia por entre cajas de zapatos repletas de documentos y recibos de impuestos. Después de todo, ¿cómo iba a estar o no de acuerdo sin volver a calcular toda mi declaración? ¡Qué horror! Todavía peor, el año en cuestión era el de dos años atrás. ¡Prácticamente no recuerdo lo que gasté la semana pasada!

Entonces recordé una vez mi mantra: «No a las fantasías negativas». Empecé a pensar en las formas que tenía para no elegir el estrés y, en lugar de eso, jugar con la situación. Rápidamente, tomé un bolígrafo y escribí la siguiente nota:

Querido empleado del Ministerio de Hacienda,

Muchas gracias por su reciente carta. Si me equivoqué al hacer mi declaración de impuestos, le aseguro que fue un error involuntario. Su carta me pide que diga si estoy de acuerdo o no con sus descubrimientos; sin embargo, no puedo hacer ninguna de las dos cosas, porque con franqueza ni lo sé ni tengo el tiempo para averiguarlo. Siempre he dejado que fuera mi banco el que se encargara de mis asuntos económicos, así que creo que es una buena idea dejar que sea el Ministerio de Hacienda el que calcule los impuestos que debo pagar. Por lo tanto, adjunto a la carta hay un cheque de trescientos ochenta y siete dólares. Puede hacerlo efectivo si promete revisar dos veces mi declaración y se asegura de que cometí un error. Gracias por su duro trabajo.

Eché al buzón la carta para el Ministerio de Hacienda e intenté liberarme de la tensión haciéndome la pregunta: «¿Qué es lo que no va mal?» De inmediato me di cuenta de que el hecho de que yo tuviera trescientos ochenta y siete dólares para enviar al Ministerio de Hacienda era algo bueno, que podían haber sido tres mil ochocientos setenta, y que gracias a elegir este enfoque me había ahorrado horas y horas de rebuscar entre documentos oficiales. En realidad, sólo eso ya valía probablemente los trescientos ochenta y siete dólares que me había costado.

Casi un mes después recibí otra carta del Ministerio de Hacienda. Recordando la técnica que había resultado tan exitosa con la primera carta, simplemente respiré y sonreí. Mi sonrisa se convirtió en una carcajada cuando abrí la carta. En ella me daban las gracias por mi reciente carta y me informaban que de que efectivamente el Ministerio de Hacienda había recalculado mis obligaciones contributivas, como yo había solicitado. Habían decidido que *ellos* habían cometido un error y que *me debían* ciento quince dólares. Añadían «sentir cualquier molestia» que pudieran haber ocasionado.

Una vez más, la idea de evitar las fantasías negativas quedó reforzada poderosamente.

46

Practique la diversión

Primera parte:
¿Qué le gusta de usted?

Si va a llevar una vida de risa y juego, no basta con leer y pensar sobre ello: tiene que pasar a la acción, tiene que practicarlo en su propia vida cada día.

Todos hemos escuchado la expresión «La práctica lleva a la perfección». Esa idea es decididamente falsa. Nunca he entendido por qué alguien podría pensar que hacer algo repetidamente podría conducirle hacia la perfección, sobre todo si uno lo hace repetidamente mal. Es como decir que alguien al que se le ha quemado la comida miles de veces se ha convertido en un «experto» chef.

Creo que tiene mucho más sentido decir: «La práctica hace la permanencia». En otras palabras, si practicamos algo lo suficiente, se hace habitual. Y si queremos vivir una vida buena, llena de sentido, alegría y felicidad, necesitamos mucha, mucha práctica. Necesitamos probar y ensayar formas de estar en el mundo que produzcan las habilidades de vida que queremos desarrollar, y también necesitamos hacer habituales esas maneras de ir por la vida. Por eso los dos capítulos siguientes contienen «prácticas» específicas, ejercicios que le pueden ayudar a desarrollar algunas de las cualidades que pueden proporcionarle una vida más juguetona y alegre.

En un capítulo anterior se hablaba sobre la importancia de recordar que usted es un regalo. No es fácil aprender a valorar las cualidades interiores en una sociedad que considera mucho más importantes las exteriores. Además, cuando pensamos en nuestras cualidades internas, normalmente nos centramos en lo que nos parece mal, no en lo que nos parece bien.

Como consecuencia, el crítico más severo que usted pueda tener en todo el planeta es la persona que ahora mismo está sentada en su silla. Su crítico interior le reprende en un tono de voz que usted no toleraría a nadie.

Cuando se toma el tiempo necesario para apreciar las cosas que le gustan de sí mismo, da un paso adelante para silenciar a ese crítico interno y para darse cuenta de que usted es, en realidad, un regalo. Necesitará un compañero para esta práctica, así que consiga la ayuda de su cónyuge, de su amante o de un buen amigo. Piense en usted como en un ser humano que está formado por todos sus componentes (su aspecto sentimental, físico, espiritual e intelectual), piense en sí mismo como amigo, como padre, como niño, como trabajador.

Pídale a su compañero que le haga la siguiente pregunta: «¿Qué te gusta de ti?» Entonces responda con lo primero que le venga a la cabeza. Después pídale que le vuelva a hacer la misma pregunta: «¿Qué te gusta de ti?» En realidad, eso es lo único que su compañero le va decir una y otra vez durante un minuto y medio. Es algo así:

–¿Qué te gusta de ti?

–Pues que soy un conversador bastante bueno.

–¡Eso es maravilloso! ¿Qué más te gusta de ti?

–Soy un muy buen amigo.

–¡Fantástico! ¿Qué más te gusta de ti?

–Soy realmente digno de confianza.

–¡Estupendo! ¿Qué más te gusta de ti?

–Eeeeh... ¿puedes repetir la pregunta, por favor?

Casi todo el mundo se queda en blanco en algún momento en el transcurso de esta práctica. Lo único que tiene que hacer cuando le suceda es levantar ambas manos por encima de la cabeza con un gesto de victoria y gritar lo más fuerte que pueda: «¡TODO!»

Entonces pídale a su compañero que le vuelva a hacer la pregunta. Si todavía sigue en blanco, grite otra vez: «¡TODO!» Esta postura corporal tan positiva normalmente libera su mente en cuestión de segundos, así que enseguida volverá a estar al máximo de sus posibilidades:

–¡Soy un padre responsable!

–¡Magnífico! ¿Qué más te gusta de ti?

–Soy muy cariñoso con los animales.

Ya tiene la idea. Pídale a su compañero que escriba todas sus respuestas en una hoja de papel. Quizás quiera llevar ese papel con usted durante un tiempo, para que le recuerde algunos aspectos de su personalidad que valora pero a los que a veces olvida prestar atención.

Después de que hayan transcurrido noventa segundos, tómese unos minutos para desarrollar algunas de las cualidades que ha mencionado. Explíquele a su compañero cómo ha llegado a ser una persona así (por ejemplo, ¿sus padres fueron un modelo positivo o negativo para usted en ese aspecto?). ¿Hay algún ejemplo en su vida de un momento y un lugar en el que manifestara esta cualidad determinada (esta cualidad aparece más a menudo en su vida personal o en la profesional)?

Después intercambie el papel con su compañero: usted será la persona que da el apoyo y la que hace las preguntas. Lo más probable es que la primera ronda sea una experiencia tan divertida que su compañero aproveche esta oportunidad para prolongar la intimidad del momento y jueguen una segunda.

47

Practique la diversión

Segunda parte:
¿Qué puede cambiar?

Si quiere sentirse más cómodo jugando con el cambio en su vida, puede serle muy útil identificar primero tres o cuatro cosas simples que hace de forma habitual. No necesariamente aspectos que tienen que cambiar, sino acciones que hace sin pensar, como levantarse de la cama por el mismo lado, abrir las ventanas con la mano derecha o encender la radio del coche en el trayecto al trabajo. Puede que necesite meditar sobre ello durante un rato porque ni siquiera nos damos cuenta de muchas de las cosas que hacemos habitualmente.

Cuando haya identificado estas tres o cuatro cosas, hágalas de forma ligeramente distinta durante la semana siguiente. Levántese de la cama por el otro lado. Abra las puertas con la mano izquierda. Deje la radio apagada. Cuando realice estos pequeños cambios, preste atención a sus pensamientos, sentimientos y reacciones. Vea qué puede aprender de su capacidad o incapacidad para jugar con ellos. Después de una semana probando varios cambios sencillos, puede estar ya bien preparado para jugar con otros más significativos, los cuales le ayudarán a llevar una vida más juguetona y vital. Quizás esté más preparado para asumir el cambio inevitable que *es* la vida. Para parafrasear al filósofo griego Heráclito diremos que lo único que no varía en la vida es el cambio en sí mismo. Si el cambio cambiara, ¡entonces no existiría!

Durante varios años, he sido miembro de un grupo que empezaba todas sus reuniones con una práctica que llamamos «Flores y basura» (llamada así por la idea que desarrolla el capítulo 24). Esta práctica nos da la oportunidad de confesarnos mutuamente antes de empezar con el tema de la reunión, y ha sido muy útil para establecer un sentimiento de franqueza y confianza entre los miembros del grupo. Aprendemos de las vidas de los demás de una forma diferente de la que lo haríamos bajo las presiones de un día de trabajo agitado, y creamos un tono sincero y relajado para nuestras reuniones. Nos da la oportunidad de tomarnos las cosas con calma al principio de la reunión, hacer balance sobre nosotros mismos y recordar que realmente disfrutamos trabajando juntos.

Compartir sus flores y su basura también puede dar un sentido de continuidad a la relación que une a los miembros del grupo, porque las vidas de la gente cambian con el tiempo. A un hombre que sólo cuenta basura, semana tras semana, de repente empiezan a aparecerle flores en su vida. También a veces, si recordamos bien, podemos ver que sin la basura de las semanas anteriores las flores no habrían sido posibles. Durante el tiempo que pasamos juntos llegamos a comprobar que las cosas no ocurren aisladas, sino que nuestras vidas siguen un patrón; hemos podido ver que la única constante que hay en nuestra existencia es que las cosas cambian.

Si quiere probar esta práctica con sus compañeros, invite a todos a que pongan sus sillas en círculo y déles algunas instrucciones como las siguientes:

«Vamos a dedicar unos minutos de nuestro tiempo para compartir con el grupo algo que haya pasado en nuestras vidas desde la última reunión. Esta experiencia se llama 'Flores y basura', porque podéis compartir algo positivo (una flor) o algo negativo (basura). Podéis elegir de una clase o de la otra, no importa. De hecho, no nos digáis si son flores o basura, dejad que nos lo imaginemos. A veces no es tan sencillo determinarlo. Es como aquella vieja historia:

> *Un hombre se cae de un avión.*
> *Afortunadamente hay un pajar debajo.*
> *Desgraciadamente hay una horqueta que sobresale del pajar.*
> *Afortunadamente no cae encima de la horqueta.*
> *Desgraciadamente no cae encima del pajar.»*

«Así que, ¿quién sabe si vuestra historia es afortunada o desafortunada? Las flores se pueden convertir en basura y la basura se puede convertir en flores.»

48

No reprima su deseo natural de jugar

¿Por qué nos encanta compartir historias sobre nuestras travesuras divertidas con todos nuestros amigos? Después de hacer algo divertido, no podemos guardarlo para nosotros. Muchas veces explicar esos hechos una y otra vez es tan gracioso como fue vivirlos por primera vez. Creo que esto sucede porque el deseo de jugar está profundamente arraigado en los primitivos centros de placer de nuestro cerebro. El impulso lúdico es uno de los tesoros más antiguos de la humanidad.

Tal como yo lo veo, en el amanecer de la civilización lo que más le gustaba a nuestra especie era jugar, y esa diversión alegre era la característica principal que nos diferenciaba de las demás. Pero como sucede tantas veces en la vida, la que fue nuestra mayor alegría también fue nuestro gran dolor.

Primero, la alegría: en cualquier dirección en la que se mirara se podían encontrar familias primitivas rondando por la vieja cueva, jugueteando, dando volteretas y armando jaleo, lo cual siempre provocaba grandes carcajadas de risa primitiva. Como es probable que haya descubierto ya en su propia vida, la risa cordial siempre supone una relajación profunda de los músculos; muchos nos hemos reído tanto que nos hemos caído de la silla. Por eso nuestros ancestros primitivos pasaban mucho tiempo estirados en el suelo, respirando con dificultad por haberse reído tanto. Ése era el auténtico retrato de la felicidad doméstica.

Ahora veamos la parte dolorosa. En ese momento de la historia entra en escena algún feroz depredador cuyo aspecto no puede imaginar ni en sus peores pesadillas. Con esto me refiero a tigres de dientes como sables, mamuts peludos con enormes colmillos, lobos del tamaño de caballos.

¿Se puede imaginar lo difícil que es agarrar una cachiporra y defenderse de un tigre de dientes enormes que le ataca después de que usted haya estado riéndose como un loco durante media hora? Inténtelo alguna vez con los brazos dormidos que aún tendrá. Créame, el chiste pierde toda su gracia. Por eso los ancianos de la comunidad se dieron cuenta de que había algo muy peligroso en su estilo de vida idílico y juguetón. Podían contar un buen chiste, pero antes de parar de reír media familia había sido devorada.

Así que los ancianos decidieron que para proteger la raza tendrían que establecerse ciertas reglas y leyes y así es como nació la civilización. El mensaje básico de esas reglas y leyes era que los miembros adultos de la población tenían que estar preparados a todas horas para defender a la comunidad de los ataques de cuadrúpedos y que, por eso, sería mejor que dejaran de reír, sonreír y jugar tanto. En vez de esto, sería aconsejable que empezaran a aprender a ser serios y solemnes. El juego sólo formaba parte de la esfera infantil y, puesto que en esa época se pasaba de la infancia a la edad adulta a los diez años, éste pronto se convirtió en un arte perdido.

No quiero decir que estas reglas no nos hayan sido útiles durante los milenios posteriores. Es probable que nosotros no estuviésemos hoy aquí pensando en estos grandes asuntos si nuestros antepasados no hubieran aprendido a dejar de bromear a todas horas y a tomarse la vida más en serio. Pero de igual forma que sucede con muchos de los tabúes y las pautas culturales de hoy en día, todavía seguimos las reglas y las leyes sobre la conveniencia del juego en la edad adulta, las que nos han sido transmitidas a lo largo de toda la historia, aunque los momentos y las situaciones que hicieron necesarias aquellas pautas ya no se produzcan en la actualidad.

Ha dejado de ser cierto que nuestras vidas pueden estar amenazadas por un exceso de juego en nuestro comportamiento. En realidad, lo que sucede es exactamente lo contrario: como muestra claramente una reciente investigación médica sobre la naturaleza del estrés, en la actualidad nuestro bienestar está amenazado ¡por la *falta* de juego en nuestro comportamiento!

Para respaldar mi teoría de que el deseo de una conducta llena de juego es uno de nuestros instintos más primitivos, expongo como prueba mi antigua ocupación como profesor de enseñanza secundaria en la ciudad de Nueva York. Durante mis días de profesor de inglés, descubrí por primera vez que la alegría que produce el juego puede ser tan grande, que puede llegar a vencer los condicionamientos culturales que nos llevan a comportarnos de una forma madura o «apropiada». Esto le sucedía a uno de mis alumnos favoritos, Charlie Barrigan, a quien los demás profesores consideraban un problema de disciplina a causa de su incontrolable deseo de divertirse en el aula a todas horas.

Charlie era medio irlandés y medio puertorriqueño, y se identificaba mucho con el lado puertorriqueño de sus raíces. Desgraciadamente, su padre irlandés lo desaprobaba por completo, y le prohibió totalmente que se vistiera al estilo vistoso de Puerto Rico. Por eso Charlie se veía obligado a llevar dos juegos completos de ropa cada mañana. Uno para que su padre lo viera en el desayuno, bastante conservador, casi parecía de niño pijo. Pero debajo de la ropa de niño pijo, que se quitaba nada más llegar al instituto, llevaba un par de pantalones de cuadros y una camisa roja brillante; en la taquilla del instituto guardaba un sombrero con una cinta llamativa que rodeaba el ala, para acabar de completar la vestimenta.

Charlie y yo nos llevábamos muy bien. Derrochaba alegría, era muy ingenioso y entendía mis bromas. Yo sabía que estaba aprendiendo bastante en mi clase y no lo veía como un problema de disciplina. Tenía un buen amigo en clase, un chico puertorriqueño llamado William Rodriguez, al que le encantaba fastidiar. Como consecuencia del temperamento apasionado de William, a menudo acababan saltando por encima de los pupitres para pelearse, para deleite del resto de la clase. Desesperado, me vi obligado a ponerlos a cada uno en una punta del aula y a tener una buena conversación con Charlie.

El problema consistía en que Charlie sabía que siempre podía fastidiar a William con sólo mencionar a su madre. Por eso, en los momentos más inesperados, cuando yo hacía una pregunta totalmente inocente a la clase, Charlie gritaba de repente: «¡La madre de William!». William, sin pararse a reflexionar, se lanzaba enseguida a la acción y cruzaba el aula para pelearse con Charlie en el suelo.

Charlie era un pequeño pero resistente luchador; sin embargo, solía estar tan desencajado por la risa que le provocaba su propio chiste que parecía indefenso ante el ataque de William.

Una mañana estaba preparándome para dar a su grupo una lección de vocabulario, con palabras como *cuadrúpedo* o *branquiado*. Como había pensado en utilizar el contexto de los antropomorfos para la lección, me di cuenta de que podría estar buscándome problemas. Por eso me llevé a Charlie a un rincón al principio de la clase y le avisé que quería que dejara en paz a William durante la hora siguiente. Le dije que sabía que le sería muy difícil no mencionar a la madre de William durante esa clase en particular, pero le animé, por su propio bien y por el mío, a que mantuviera cerrada su bocaza.

Avanzamos rápido por el mundo de los chimpancés, mencionamos desde su habilidad para construir herramientas hasta las observaciones de Jane Goodall sobre estos animales en la naturaleza. Eché una ojeada a Charlie y él me devolvió una sonrisa tensa. Seguimos con los gorilas y hablamos de que eran unas bestias realmente amables. Los alumnos se sorprendían al descubrir que eran vegetarianos y de que la imagen fiera de King Kong era equivocada. A esas alturas de la situación Charlie temblaba y estaba blanco como el papel. Por fin, llegó el momento de la verdad: me preparé para hablar de los orangutanes.

–Todavía existe otra especie más en la gran familia de los antropomorfos –anuncié–. «¿Alguien sabe cuál es?

Miré fijamente a Charlie para darle el apoyo moral que necesitaba para contenerse. Pero la tentación fue superior para él. Dio un saltó y gritó con todas sus fuerzas:

–¡LA MADRE DE WILLIAM!

Me uní a William para agarrar a Charlie y darle una paliza en el suelo.

Explico este incidente como prueba de que el deseo de jugar es más fuerte, más primitivo e incluso superior al deseo de la propia conservación. Charlie había aprendido la lección que le había enseñado el agente más poderoso de nuestra cultura civilizada: el sistema de escuela pública de la ciudad de Nueva York. Pero cuando se le puso al límite, sus instintos más arraigados de vivir una vida de juego hicieron imposible que se pudiera resistir.

Sin embargo, si Charlie hubiera refrenado sus instintos de juego, como yo le había pedido de forma tan estúpida, no tendría este recuerdo tan grato. Porque, con frecuencia, los momentos de juego son, con diferencia, los más memorables para nosotros. Los recuerdos de las interacciones en las que interviene el juego son los que más nos gusta contar, una y otra vez. Suelen ser los que recordamos durante muchos años, cuando ya hemos olvidado los hechos cotidianos que los rodeaban. Nos hacemos un gran favor a nosotros y a nuestros compañeros cuando rechazamos reprimir nuestro deseo natural de jugar.

49

Cree algunos recuerdos de juegos

Una teoría filosófica muy común explica que el humor es una respuesta a la restricción de las emociones. Desde luego, este hecho explica por qué a menudo las personas ríen en momentos realmente inapropiados, como en funerales. Si en otras ocasiones nos reprimiéramos menos, quizás no mostraríamos nuestros sentimientos en esas ocasiones «equivocadas». Pero nuestras vidas cotidianas están demasiado llenas de restricciones, desde el mundano «No pasar» hasta las mucho más serias a las que todos debemos atenernos para poder ser consideradas personas «normales» y correctamente socializadas. El juego y el humor nos pueden ayudar por un instante a sentirnos libres de todas esas restricciones.

Durante el transcurso de los próximos días, fíjese en las situaciones en las que, de forma inequívoca, usted reprime su deseo natural de jugar. Fíjese en las ocasiones en las que usted se detiene antes de extender la mano para tomar contacto con otras personas, ¿qué le hace contenerse? La próxima vez que esté en un ascensor, fíjese en que podría tener el impulso de actuar de una manera diferente a la habitual. Observe cómo resiste ese impulso, cómo se fuerza a mirar al frente, hacia los botones iluminados, como todos los demás. Cuando ve a un bebé gateando por el suelo, ¿no tiene ganas de ponerse a cuatro patas también y compartir la diversión con él? Escuche la voz de la civilización que le dice que actúe conforme a su edad.

Cada vez que pienso en alguien que se permite jugar en todas las ocasiones, libre de las restricciones de las normas sociales, inevitablemente pienso en Jerry Ewen, presidente de Playfair Canadá. La primera vez que vi a Jerry me invitó a dar un paseo por Vancouver al atardecer, y pronto aprendí que incluso pasear por la calle con Jerry puede suponer una aventura. Primero, descubrió un maniquí de mujer que habían tirado a la basura en unos grandes almacenes, y comenzó a bailar con él en la acera, arriba y abajo. Después descubrió un carro de la compra y me rogó que subiera a él, para que así pudiera empujarnos locamente a mí y al maniquí calle abajo. Nuestro destino resultó ser su bar preferido, en el que aparcó el carrito, y los tres entramos y pedimos una mesa.

Tras un par de cervezas, yo me excusé para ir al servicio, y al volver, Jerry y el maniquí estaban sentados en otra mesa con dos atractivas mujeres solteras, y los cuatro estaban haciéndome gestos enérgicos para que fuera a reunirme con ellos. Esa misma noche, más tarde, Jerry me explicó la historia de su viaje a Montreal del invierno anterior. Había cenado solo en un restaurante en el que parecía que todos los clientes hablaban francés. Estaba rodeado de comensales que conversaban animadamente, pero él no entendía ni una palabra de lo que estaban diciendo. Una mesa en particular captó su mirada: parecía ser una fiesta de cumpleaños de un hombre de treinta y muchos años, y todos los invitados brindaban, reían y por lo general armaban bastante jaleo. Lo que intrigaba especialmente a Jerry de este grupo era que de los quince comensales allí sentados, sólo dos eran hombres.

Ése era el tipo de fiesta a la que Jerry le hubiera gustado unirse, pero no veía la manera de poder introducirse en el grupo. Así que acabó su cena en silencio. Cuando estaba pidiendo el postre, se dio cuenta de que la fiesta de cumpleaños estaba a punto de acabar y que todas las mujeres se habían puesto en fila para despedirse de su anfitrión. De repente, vio una forma de unirse a la celebración sin tener que pronunciar ni una sola palabra. Mientras el chico del cumpleaños abrazaba a cada uno de sus invitados y les deseaba buenas noches, Jerry caminó hacia él, se puso a su lado, abrió los brazos y simuló que él también era parte de la fila. Este atrevido gesto le hizo ganar de inmediato sonrisas, risas, abrazos y besos por parte de las divertidas mujeres. No importaba que Jerry no pudiera decirles ni una palabra; sus brazos abiertos eran un mensaje claro de que él también había venido a jugar.

Si usted tiene intención de hacer caso a su impulso natural de jugar, va a necesitar su propio apoyo para desprenderse de todas las normas de comportamiento que la sociedad espera de un adulto socializado. Así que señale un día de su calendario para comenzar a practicar, y cuando llegue ese día, cada vez que el deseo natural de jugar se apodere de usted no lo piense dos veces: obedézcalo.

Es hora de que salgamos ahí fuera y creemos algunos recuerdos.

50
Haga la promesa

Uno de los recuerdos más nítidos de mi época en la escuela primaria es el del ritual que cumplía cada mañana, de pie con la mano sobre el corazón, mientras toda la clase al unísono hacía el Juramento de fidelidad a la bandera. Aunque la lealtad al país es un concepto verdaderamente importante, cuando yo era un chico encontraba este ritual bastante vacío y falto de sentido. Creo que no comprendía del todo de qué se trataba aquello. Por otro lado, sin ninguna duda tenía una idea muy clara del juego. No tenía que verbalizar mi compromiso con la diversión. En el mismo instante en que sonaba el timbre para ir al patio, yo estaba listo para salir a jugar.

Para los adultos, las cosas funcionan al revés. ¿Cuándo fue la última vez que alguien vino a su casa, llamó a su puerta y le invitó a salir a jugar? Como adultos podemos entender la lealtad a la bandera y al país, pero nos tienen que recordar constantemente la importancia del juego. En consecuencia, es importante que nos hagamos la promesa de alegrar nuestras vidas.

Este libro ha sido un intento de llamar a su puerta (ya sea la puerta de su oficina, de su coche o de su casa) para invitarlo a una vida de risa y juego. Si vuelve a hojear sus páginas encontrará muchas formas de ayudarle a responder a la invitación. Desde luego, existen cientos de maneras diferentes de alegrar su vida. Sin embargo, ninguna será efectiva a menos que usted tenga la voluntad de hacer la promesa de vivir su vida cotidiana como un juego.

Me considero una especie de experto cuando se trata de alegrar la vida; aún así, cada día tengo que renovar la promesa de buscar el juego en cualquier lugar en el que pueda. La primera vez que tuve la oportunidad de viajar a París, por ejemplo, me resultaba muy difícil ver el viaje como una oportunidad para ello. Estaba muy preocupado por averiguar cómo iba a pasarlo bien en París sin apenas saber hablar francés. Había oído muchas historias sobre lo ariscos e intolerantes que son los franceses con los norte-americanos, y también que a los franceses no les gusta demasiado hablar inglés. A mí me encanta mi idioma. Me encanta hablarlo, y me enorgullezco de ser una persona que se expresa bastante bien. Me encantan las conversaciones cordiales y las discusiones inteligentes. No me hacía demasiada ilusión entrar en una cultura en la que mi vocabulario se vería reducido al de un niño de tres años (eso en mis mejores días). Mi capacidad de conversación en francés se limitaba a frases tan brillantes como: «¿Dónde está el Louvre?» o «¿Es éste el hotel?», «¿Sirven pollo frito?»

Quería establecer un contacto de persona a persona con la gente francesa, pero temía que mi pobre uso del francés constituyera una barrera infranqueable. Entonces recordé que había hecho una promesa. Sólo necesitaba encontrar la forma de alegrar el inconveniente del idioma.

Finalmente descubrí una manera de derribar las barreras de forma instantánea. Adoptaba una expresión facial adecuada y empezaba prácticamente todas las conversaciones con la frase: «*Je suis désolé. Je ne parle français pas bien. Je suis chinois*». («Lo siento. No hablo bien el francés. Soy chino».)

Créame, puedo ser muchas cosas, pero sólo mirándome los franceses podían darse cuenta fácilmente de que una cosa que con certeza no puedo ser es chino. La reacción de la gente que conocí era casi siempre la misma: un silencio corto, lleno de asombro, y una expresión de desconcierto que parecía decir: «¿Pero se da cuenta este idiota de lo que está diciendo?» Al final, cuando veían la sonrisa en mi rostro se daban cuenta de que estaba jugando con ellos. Les había explicado un pequeño chiste, y eso les había proporcionado una pequeña ventana por la que ver quién era yo. Eso les hacía sentir también muchas ganas de abrirse a mí, de permitirme llegar a conocerlos como seres humanos. Reconocer mis limitaciones y mostrarlas claramente me dio la oportunidad de pasar una semana maravillosa riendo y jugando con los franceses.

Soy muy afortunado por tener el trabajo que tengo, porque me da muchas oportunidades de comprobar lo fácil que resulta reír en mi vida. Hace sólo unas semanas estaba en Dallas dando una conferencia en una lujosa residencia para la tercera edad. Gran parte de mi discurso trataba de la teoría de Platón según la cual la vida debería vivirse como un juego. Tras la conferencia, una mujer muy anciana se mostró muy entusiasmada en el elogio de mi charla. Hablaba y hablaba de lo profundamente que le había impresionado mi discurso. Empezaba a estar entusiasmado por sus alabanzas cuando ella dijo: «Me ha gustado especialmente la parte en la que ha hablado de Plutón».

Yo me reí en mi interior por su confusión de creer que el filósofo clásico griego se llamaba Plutón y no Platón. Entonces ella me dijo en tono confidencial: «¿Sabe? Fui al instituto con el hombre que descubrió Plutón». En ese instante me di cuenta de que ella probablemente no había prestado mucha atención a la exposición que creía que era tan maravillosa.

Y así una y otra vez. Cada nuevo día se presenta como una oportunidad de vivir de forma despreocupada y de reírnos de nosotros mismos.

Poco después de que se publicara uno de mis libros recibí un fax del señor Antti Kerhonen, de la Universidad Tecnológica de Lathi Centre, en Finlandia. Me sentía muy orgulloso por el hecho de que alguien de un lugar tan lejano lo hubiera leído, y era obvio que el señor Kerhonen también lo había estudiado detenidamente.

En una parte del libro yo presentaba el estudio de cincuenta y dos formas diferentes de divertirse en el trabajo, una para cada semana del año. El Señor Kerhonen se sentía intrigado en particular por uno de los ejemplos que ofrecía, el cual consistía en parar en la barrera de un peaje y pagar no sólo el peaje del propio coche sino también el del siguiente. Después de felicitarme efusivamente por la obra, mi admirador finlandés añadió que tenía «una gran queja que formular. No tenemos autopistas de peaje aquí en Finlandia, así que yo sólo tengo cincuenta y una buenas ideas para divertirme en el trabajo. Por eso, usted puede enviarme por fax otra buena idea, o, si no tiene alguna en este momento, ¡por favor envíeme cuarenta y dos centavos por fax, que es el precio aproximado de una de sus ideas aquí en Finlandia!»

Ninguna respuesta provocada por mi libro podría haberme hecho más feliz. Estaba claro que el señor Kerhonen había comprendido el verdadero espíritu de mi obra, y había actuado de acuerdo con ese espíritu. No sólo se las había arreglado para divertirse, sino que hizo que yo también me divirtiera ese día.

No hay nada que yo desee más de usted que, como el señor Kerhonen, tenga la voluntad de actuar de acuerdo con su propia convicción de jugar, es decir, que tenga la voluntad de hacer la promesa de permitir que haya más juego en su vida cotidiana.

El presente es el momento idóneo para alegrar su vida. Cuando empiece su próximo día de trabajo, busque una habitación de su casa en la que pueda estar sólo con un espejo. Cierre la puerta para que nadie le moleste. Examine atentamente esa cara juguetona que le contempla desde el cristal. Ponga la mano derecha sobre su corazón, y haga la promesa solemne de tratarse a usted mismo con amabilidad y tolerancia durante el resto del día, de buscar lo que no va mal, en lugar de lo que va mal, de celebrar todo lo posible. De rodearse de personas a las que le guste reír y jugar.

Y cuando consiga que ese rostro juguetón que le contempla desde el espejo tenga un buen aspecto, deje que una sonrisa salga a relucir en ambos rostros, mientras le dice a su reflejo con palabras firmes: «¡Quiero que me alegres ahora mismo! ¡Vamos al trabajo a divertirnos un poco!»